LE MONASTÈRE

DE LA

VISITATION SAINTE-MARIE

DE SAINT-AMOUR

1633-1793

PAR

Maurice PERROD

AF312870

LONS-LE-SAUNIER

IMPRIMERIE ET LITHOGRAPHIE LUCIEN DECLUME

——

1899

LE MONASTÈRE

DE LA

VISITATION SAINTE - MARIE

DE SAINT-AMOUR

1633-1793

PAR

Maurice PERROD

LONS-LE-SAUNIER

IMPRIMERIE ET LITHOGRAPHIE LUCIEN DECLUME

—

1899

Extrait des Mémoires de la Société d'Émulation du Jura.

Le Monastère de la Visitation Sainte-Marie

DE SAINT-AMOUR

1633-1793

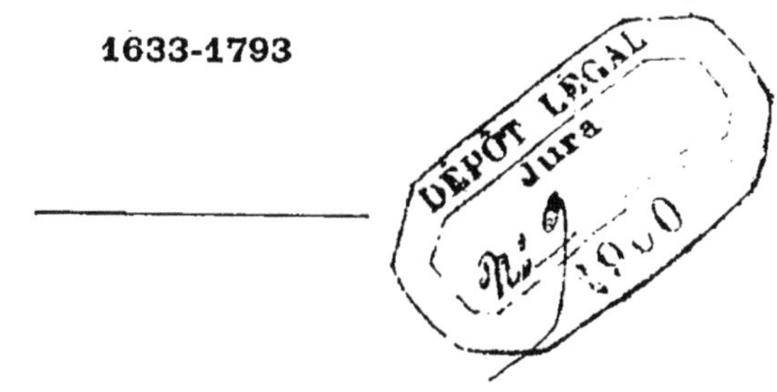

Le Monastère de la Visitation de Saint-Amour est l'un des cinq de cet Ordre en Franche-Comté et le second par la date de sa fondation (1). Il n'existe plus depuis la Révolution ; de lui, rien ne reste que de vastes bâtiments, transformés par chacune des générations qui s'y abritent en passant et qui finiront par les rendre méconnaissables ; rien non plus qu'un souvenir de plus en plus vague et qui va s'effaçant dans la mémoire des habitants de Saint-Amour.

Ailleurs, dans les Monastères de la Visitation d'Annecy et de Bourg-en-Bresse, aux Archives départementales du Jura, à celles de la commune de Saint-Amour, on conserve des documents nombreux provenant de cette pieuse maison ; autres souvenirs poudreux et pâlissants !

Voulant tenter de faire revivre quelque chose du passé, j'ai désiré de les consulter. Partout on les a mis à ma disposition avec une complaisance rare et que je suis heureux de remercier ici.

Évidemment, bien des pièces qui nous intéresseraient ont péri ! Mon travail ne saurait être complet ; tel qu'il est, il

---

(1) Besançon, 1630 ; Saint-Amour, 1633 ; Gray, 1634 ; Salins 1643 ; enfin Dole, 1646.

se présente plutôt comme un inventaire chronologique et raisonné des documents qui subsistent ; tel qu'il est, je souhaite qu'il puisse paraître intéressant ou être utile à quelques-uns.

La fondation du Monastère de la Visitation de St-Amour est due à Madame de la Bévière.

Corneille Saint-Marc parle ainsi de cette pieuse personne dans son ouvrage sur Saint-Amour : « Jeanne de Seyturier, veuve de Philibert, seigneur de Dananche, résidait à Saint-Amour, où elle fonda le monastère de la Visitation. *Armes :* D'azur, à deux faulx d'argent emmanchées d'or posées en sautoir et affrontées » (1). Et dans un autre chapitre du même ouvrage : « La pieuse dame de Dananche se mit en correspondance avec la baronne de Chantal, fondatrice de l'ordre de la Visitation » (2).

Guichenon, dans son histoire de la *Bresse et du Bugey*, donne la généalogie de la famille de Seyturier. Madame de Seyturier habitait Bourg-en-Bresse. Nous n'avons sur elle que peu de détails ; nous savons seulement que « meüe de « piété » et désirant que « pour la plus grande gloire de « Dieu et augmentation de son service, il y eust un monas- « tère des dévotes religieuses de la Visitation Sainte-Marie « en la ville de Saint-Amour au Comté de Bourgogne », « elle proposa son institution à dévote sœur Marie-Héleyne « de Chastellux, mère supérieure au monastère de lad. « Visitation estably en la ville de Bourg, avec offre de con- « trybuer de ses moyens à son possible pour l'érection et « établissement dud. Monastère et cette proposition... mise « en délibération au chapitre des sœurs religieuses » et acceptée, un accord définitif fut conclu.

(1) C. Saint-Marc : *Tablettes historiques, etc., de Saint-Amour,* page 369.

(2) Page 198. Nous ne nions pas l'existence de cette correspondance, mais nous n'en n'avons trouvé trace ni mention nulle part.

L'acte est du « unzièsme jour de mars mil huit cent
« trente-trois, après midy » et reçu « gratuitement par
« Claude-François Beauregard, notaire royal héréditaire
aud. lieu », c'est-à-dire à Bourg. Il est passé entre les « supé-
« rieure, conseillères et religieuses dud. couvent... et...
« Messire Charles Emmanuel de Seyturier, baron de Mont-
« didier et aux autres lieux, traitant par commission et
« ayant charge,... attendu sa malladie et indisposition...
« de dame Jehanne de Seyturier, vefve de noble Philibert
« de la Bévière, vivant escuyer, seigneur de Dananche » (1).
La fondatrice s'engage « à délivrer la somme de douze
« mille livres tournoises, monnoye de France à la charge
« de faire recevoir audit monastère de Saint Amour pour
« religieuses trois demoiselles de Seyturier ses nièces » (2).
Le lendemain, 12 mars, elle ratifie ce qu'a conclu pour

(1) Cote 2. Les papiers de la Visitation de Saint-Amour « retirés
dud. monastère par les administrateurs du district d'Orgelet, le 19 may
1791 » furent déposés aux Archives départementales un peu plus
tard. Ils furent sommairement examinés par Thabey, « membre dud.
district, commissaire nommé de cette part, assisté des sieurs Renaud,
maire, Jean Boulier, premier officier municipal, et Alexantre François
Chanel, notable de la municipalité de Saint-Amour, le susdit jour et
an » ; puis inventoriés par Thabez, Guillaumot et Grammont, mem-
bres du district, assistés de « Paget, curé, Bernard-Dompsure, premier officier municipal, Magnin, procureur de la commune dud. Saint-
Amour, les 25, 26, 27, 28, 29 et 30 may 1790. Cotés et classés, ils
furent, lors sans doute de leur transfert à Lons-le-Saunier avec beaucoup d'autres, dérangés et souvent confondus avec ceux appartenant
à d'autres fonds. Le classement n'en a pas été refait ; nous ne pou-
vons indiquer que les numéros de l'ancienne classification, quand les
documents en portent, ce qui n'est pas leur cas à tous.

(2) Cote 2. Quelques jours après, le 22 mai, elle compléta cet acte
en décidant et en faisant accepter par Mme de Chastellux « qu'au cas
où ses trois nièces viendraient à décéder, ou à changer de volonté, ou
que les religieuses ne les trouvassent pas propres à la religion, elle
placerait d'autres nièces du nombre qui auroit défailli, durant l'année
de leur noviciat incluse tant seulement ».

elle son neveu et fait remettre à la sœur de Chastellux,
« deux contrats de rente en » principaux de trois mille
« livres chacun, qui lui sont dues par Messire Jean
« de Seyturier, chanoine de Saint-Pierre de Mâcon, son
« frère,... et les neuf mille livres restantes seront payées,
« après sa mort, par ses héritiers avec les revenus de six
« mille livres seulement, à compter du jour de l'établisse-
« ment dud. monastère » (1).

Il fallait avoir aussi du Comte de Saint-Amour et du magistrat de cette ville l'autorisation de s'établir sur leur territoire et sous leur juridiction limitée par les privilèges et
exemptions de charges, libéralement accordés aux établissements religieux par le pouvoir public.

Messire Jacques Nicolas de la Baume, comte de Saint-
Amour (2), permit bien volontiers aux « dames religieuses
« de la Visitation de pouvoir établir, ériger, et bâtir une
« église, couvent et monastère des filles religieuses de
« l'ordre approuvé par le Saint-Siège apostolique, sous le
« nom de la Visitation Notre-Dame, dans l'enclos de la
« ville de Saint-Amour, leur donnant licence et pouvoir
« d'acheter dans lad. ville les fonds et places qui leur se-
« ront nécessaires pour l'érection et bâtiment de leur dit
« couvent et monastère, moyennant son dédommagement
« pour l'amortissement des dites places et fonds étants de

(1) Acte du 11 mars. Cote 1.

(2) Jacques Nicolas de la Baume, comte de Saint-Amour, était né
le 16 janvier 1603 ; il avait hérité de son père, Emmanuel Philibert
de la Baume, en 1622. Il était gouverneur de Dole, chevalier d'honneur
au Parlement de cette ville, gentilhomme ordinaire du roi d'Espagne,
chevalier de la Toison d'or. Sergent général de bataille, il commandait
l'infanterie espagnole à la bataille de Lens, contre Condé, Il y fut
blessé et fait prisonnier : Saint-Amour lui fournit même 300 livres
pour l'aider à payer sa rançon. Il appartenait à la famille de la Baume,
qui est une des vieilles familles du Bugey (voir Guichenon), qui, en
1550, acheta la seigneurerie de Saint-Amour, de la maison de Damas
qui la tenait des Laubépin.

« son direct, affin que lui, ses successeurs ou ayant cause
« ne reçoivent aucun préjudice à léurs droits, autorités,
« redevances et revenus et sous la condition qu'elles ne
« pourront acquérir à titre onéreux ou lucratif aucuns
« fonds ou héritages de quelque nature qu'il soit, dans et
« rière le territoire, seigneurerie et dépendances d'icelle,
« soit que lesdits fonds et héritages soyent de sa directe
« ou d'autres seigneurs, ou de franc allods et que s'il arri-
« voit qu'elles en acquissent aucun par l'un ou l'autre des
« moyens susdits elles seroient tenues les aliéner et mettre
» en autre main dans un an après qu'elles seront interpel-
« lées de ce faire, à peine de commise, à moins que led.
« comte de Saint-Amour ne consentit à la rétention et
« acquisition desdits héritages » (1).

Le Magistrat de Saint-Amour avait été déjà pressenti
l'année précédente ; il ne fit pas difficulté d'accorder ce
qu'on lui demandait. Ce ne devait pas aller d'ailleurs sans
qu'il en éprouvât quelque sentiment de satisfaction : après
les Augustins, les Capucins, puis, les Annonciades, enfin les
Visitandines. Ces fondations amenaient à Saint-Amour la
vie et la richesse, des constructions nouvelles s'élevaient,
la population augmentait. Enfin, le Conseil ayant reçu « le
« sixièsme jour décembre de l'an passé mil six cent trente-
deux « une requête de » dame Jeanne Seyturier, dame Da-
« nanchey... à messieurs les eschevins, conseil et bourgeois
« de la ville de Saint-Amour, tendant par icelle à ce que il
« leur pleut permettre aux relligieuses de l'ordre de la Visi-
« tation... lad. requeste... mise ès mains du conseil de lad.
« ville le vingtiesme desd. mois et an (mars 1633)... lad.
« ville reçoit lesd. dames religieuses pour pouvoir y faire
« bastir et construire led. couvent soubs le bon vouloir et
« plaisir de Son Eminence le Cardinal Archevesque de
« Lion... et aux conditions suivantes : premièrement que

(1) Cote 2.

« lesd. dames relligieuses ne pourroient demander à la ville
« aucun ordinaire de sel ny acheter aucun bois sur les che-
« mins et pavé de lad. ville, item quelles seroient tenues
« de preferrer les filles dud. Saint-Amour et vefves d'iceluy
« à toutes autres soit pour relligieuses ou servantes, item
« quelles ne pourroient rien faire qui puisse préjudicier
« aux droits de lad. ville, et finalement quelles ne pour-
« roient demander autre chose en lad. ville et que à ces
« conditions desquelles ayant heu deheue communication
« elles auroient pris place en lad. ville pour passer quel-
« ques mois et comme lad. ville est désireuse que le tout
« reddonde à la plus grande gloire de Dieu, au bien et utilité
» du public elle auroit requis lesd. relligieuses de s'obliger
« deheument à lad. ville d'observer, et effectuer ponctuel-
« lement lesd. restrictions, clauses, modifications portées
« par lad. délibération et sus-énoncées... » (1).

.A quoi les religieuses souscrivirent immédiatement et
s'engagèrent par un acte en règle, qui nous donne la com-
position du monastère dès son origine : « Messire Philibert
« Colombet, prêtre, docteur ès saints-décrets, doyen de
« l'église collégiale dud. Saint-Amour et official de l'offi-
« cialité ordinaire de l'archevêché de Lion rière le Comté
« de Bourgogne, leur directeur ; honorable Claude Cha-
« puis, docteur en médecine, leur père temporel ; révé-
« rende mère Françoise-Augustine Brun, supérieure ; sœur
« Marie-Jacqueline Faure, assistante ; sœur Marie-Anne de
« la Fage ; Claude-Xaxérine des Egouniers ; Marie-Fran-
« çoise de Villeneuf, conseillères » (2).

« Messire Alphonse-Louis Duplessis de Richelieu, car-

(1) Archives communales de Saint-Amour : série G, n° 106. Archives départementales : fonds non classé de la Visitation, cote 1.

(2) Archives communales. GG, 106. L'approbation définitive du
Conseil est du 2 février 1634, ce qui explique cette circonstance que
les religieuses ont « pris place en lad. ville pour passer quelques
mois ». Voir aussi plus loin le Récit de la fondation du monastère.

« dinal archevêque et comte de Lyon, primat des Gaules,
« grand aumônier de France « donna aussi son appro-
« bation à la communauté nouvelle », à la charge, pour
« les religieuses d'être à perpétuité sous la juridiction,
« visite, obéissance et toutes autres supériorités et direc-
« tion dud. Seigneur Eminentissime Cardinal Archevêque
« et de ses successeurs Archevêques de Lyon et sous la
« condition que la clause de préférence et réserves faittes
« par les édhevins de Saint-Amour, en leur acte de con-
« sentement, ne pourra déroger aucunement ny préjudi-
« cier aux libertés, droits et privilèges desd. religieuses
« ny aux constitutions de leur ordre » (1).

L'œuvre de Mme de la Bévière était donc définitivement
établie à Saint-Amour. Elle devait y durer plus de deux
siècles et la Révolution seule, plus forte en son travail de
transformation que les guerres de la conquête, pourra l'en
faire disparaître.

Nous avons vu plus haut les noms des premières religieuses du nouveau monastère et de leurs premiers pro-
tecteurs.

En première ligne, vient celui de Philibert Colombet. Il
appartenait à l'une des plus anciennes familles du pays,
éteinte depuis le milieu du siècle dernier et dont le nom
ne survit plus que pour désigner un des hameaux d'alen-
tour, autrefois leur propriété : *la Grange-Colombet*. Les
Colombet ont toujours rempli les charges importantes de
l'administration communale ; nous les trouvons aussi à
diverses époques établis à Saint-Amour comme médecins,
comme avocats, comme familiers ou chanoines ; ils étaient

(1) Cote 3. Le cardinal archevêque de Lyon était le frère d'Armand
du Plessis de Richelieu, le grand cardinal. Successivement doyen du
chapitre de Saint-Martin, de Tours, évêque nommé et aussitôt démis-
sionnaire de Luçon, chartreux, archevêque d'Aix et enfin de Lyon,
puis cardinal, etc., mort en 1653.

apparentés aux de Branges, ainsi qu'à beaucoup d'autres
des principales familles du pays. Les plus connus de tous
sont Nicolas Colombet, neveu de Philibert, docteur en Sor-
bonne, prieur de Coligny et enfin principal du collège de
Bourgogne à Paris, qui mourut fou ; et son frère Guy
Colombet, doyen du chapitre de Saint-Amour, puis curé de
Saint-Etienne-en-Forez, où il décéda en 1708. Il laissait une
grande partie de sa fortune à l'hôpital de Saint-Amour,
qui conserve encore son portrait comme celui d'un fondateur et d'un insigne bienfaiteur (1).

Claude Chapuis, docteur en médecine, était tout dévoué
aux bonnes œuvres. Nous n'avons sur lui que trop peu de

(1) Les Colombet portaient : « de geules à trois colombes d'argent
2 et 1 » (d'Hozier, page 272). Je crois que leur famille était alliée à
celle des Seyturier, qui, quoiqu'en dise C. St-Marc, habitaient Bourg.
Ce serait peut-être par leur intermédiaire que Mme de Seyturier aurait été amenée à fonder un couvent à Saint-Amour.

Par une autre coïncidence, au moins curieuse, la famille de Seyturier
s'allia à celle des de Branges également parents des Colombet. Je n'ai
pas fait de recherches spéciales, mais dans le fond de la Visitation, aux
archives départementales, j'ai trouvé l'acte de vente de la seigneurerie de Pélagey et d'autres domaines, faite le 11 février 1748, pour le
prix de *48.000 livres et 500 livres d'étrennes*, à Jacques-Philippe-
Hyacinthe Bernard, de Saint-Amour, par dame Jehanne Charlotte de
Seyturier, veuve de Gaspard-Marie de Branges, écuyer... et Joseph-
Marie de Branges, aussi écuyer, son fils.

Un peu plus tard (1741), les Seyturier vendirent aussi la seigneurerie
de Dananche, aux Gaillard, de Saint-Amour, marchands, originaires
de Monjoux-en-Faucigny (Savoie), dont le premier, Thomas Gaillard,
avait été reçu bourgeois de Saint-Amour en 1678, et dont un autre,
Philibert Gaillard, fut anobli le 14 avril 1745.

Cette seconde famille de Dananche, qui n'a rien de commun avec
celle des Seyturier, porte d'azur à un agneau pascal d'argent, tenant
dans sa patte droite une houlette de même, et passant sur un roc aussi
de même.

Antoine Colombet, le père de Philibert, était avocat à Bourg-en-
Bresse ; il a publié en 1551 plusieurs ouvrages de droit estimés de
son temps : *Conciliatores super codicem ; Colonia celtica lucrosa.*

détails. Il fonda en 1632 le chapitre de Saint-Amour, s'occupa beaucoup des Capucins et des Annonciades. Il s'inté-
ressa aussi aux Visitandines. On rapporte de lui la réponse
héroïque qu'il fit au duc de Longueville qui assiégeait St-
Amour en 1636. C'était le 1er ou le 2 avril, Chapuis revenait
de Lyon où il avait accompagné les religieuses Annonciades
fuyant les horreurs de la guerre ; il trouve les troupes du
roi de France investissant la ville; il réclame au duc un
sauf-conduit qui lui permette de rentrer auprès de ses mal-
heureux concitoyens qu'il voit voués à une perte assurée,
et comme Longueville l'engage à disposer ses compatriotes
à se rendre : je ne peux, dit-il, que les encourager à faire
leur devoir et mourir avec eux, s'il le faut (1). En mourant,
il légua sa bibliothèque et son portrait aux religieux capucins de Saint-Amour ; ceux-ci, en quittant le pays, en 1795,
donnèrent le tableau à leur médecin, le docteur Curnillon ;
quant à la bibliothèque, vendue à un épicier, elle fut ra-
chetée par le docteur Gauthier, de Saint-Amour, puis dis-
persée depuis.

La mère Françoise Brun était assistante au monastère
de Bourg ; son histoire ainsi que celle de la mère Jacqueline Favre est assez connue par ailleurs pour que nous
n'ayons pas besoin d'y insister ici ; quant aux autres religieuses, des recherches patientes ne nous ont rien appris sur
elles. Etaient-elles, non comme le veut Saint-Marc, tirées du
monastère de Chambéry ou de celui d'Annecy, mais de
celui de Bourg ; la chose, du reste, a peu d'importance.

Les religieuses de la Visitation de Saint-Amour nous ont
laissé un récit très détaillé de la fondation de leur monastère, écrit à leur point de vue, évidemment, mais si intéressant que, pour le donner ici, nous ne l'avons abrégé
que fort peu et toujours à regret.

(1) Voir Maurice Perrod : *Saint-Amour, de 1636 à 1678*, pages
5 et 6.

Il est extrait du *deuxième Livre des Vœux, commencé en 1664,* où il occupe les trente-deux premières pages. Ce Livre des vœux a été emporté du couvent, lors du départ des religieuses en 1792, par l'une d'elles, la sœur Géronyme Guillot, qui le rapporta au monastère de Bourg-en-Bresse quelques années plus tard, quand elle vint se joindre à cette communauté renaissante. Il y est demeuré avec plusieurs autres épaves de la maison de Saint-Amour. Le *premier Livre des Vœux,* n'existe plus nulle part, à notre connaissance ; il y a seulement aux Archives départementales du Jura, des fragments ou plutôt des doubles faits chaque année de quelques parties du second livre. Nous les avons utilisé comme celui-ci pour maints renseignements toutes les fois que l'occasion s'en est offerte.

Relation de ce qui s'est passé dans les premières années de la fondation de notre monastère de Saint-Amour.

« La fondation de ce monastère de Saint-Amour, plus
« au long.

« Cette fondation fust commencée en l'année 1633, par
« le moyen de Madame Jeanne de Cetturier, vefve de feu
« noble Philibert de la Bévière, seigneur de Dananche, qui
« est un chasteau sur la frontière, prouche de deux lieues
« de Saint-Amour. Cette dame a esté de tout temps de
« grande piété et vertus, fort charitable aux pauvres, et
« faisait de grandes aumòsnes ; elle n'avait qu'une fille
« unique, que Dieu tyra à soi, de laquelle étant non pa-
« reillement affligée, ne prenant consolation qu'en la
« lecture des bons livres, notamment en ceux de notre
« Bienh.-Père, goustant fort la douceur de son esprit, ce
« qui l'excitait beaucoup à fonder une maison de notre
« ordre, parce qu'il était tout de charité et que ce bien-
« heureux en était instituteur.

« Incontinent après le trépas de Monsieur de Dananche,
« son mari, elle se résolut de mettre à chef cette bonne
« œuvre, et pour cela communiqua son dessein à des per-
« sonnes capables, notamment des relligieux ; l'on ne man-
« qua pas de lui opposer beaucoup de difficultés, lui re-
« présentant que son entreprise étoit fort grande, qu'elle
« auroit bien peyne d'en venir à boust, qu'il vaudroit
« mieux qu'elle se rendist fondatrice de quelque maison
« relligieuse qui estoit déjà establye dans Bourg ou à Saint-
« Amour, où des Ursulles seroient plus facilement ressue
« que nous à cause de l'instruction. Mais rien ne put ébran-
« ler son premier dessein disant que ce qu'elle donneroit,
« elle voulut qu'il fust employé à establir un nouveau Mo-
« nastère et qu'elle ne vouloit point d'autres relligieuses
« que celles de la Visitation. Pour cest effect, elle s'adressa
« à une très honorée sœur Marie Héleyne de Chastellux
« pour lors supérieure de notre Monastère de Bourg-en-
« Bresse, luy communiqua ses bonnes volontés et le désir
« qu'elle avoyt de nous establyr dans Cuiseau (1) ou Saint-
« Amour et que pour cela elle donneroyt douze mille
« livres dont elle paieroyt les arrérages de neuf mille pen-
« dant sa vie, et les trois autres milles après sa mort,
« mais que là dessus elle vouloit que l'on reçut trois des
« demoiselles ses nièces, si on les jugeoit propres pour la
« relligion, ce qui lui fust accordé, et que l'on lui donne-
« roit le titre de bienfaitrice, et auroit le privilège d'entrer
« quatre fois l'année dans notre monastère, demeurant trois
« jours chaque fois. L'on fist tout moyen possible pour la

(1) Cuiseaux, petite ville à 6 kil. de St-Amour, département de
Saône-et-Loire, diocèse d'Autun, avait autrefois un Chapitre dont l'histoire est intéressante, d'autres établissements religieux ou civils que
ne font pas soupçonner son peu d'importance actuelle. Elle garde
encore de curieux restes de ses vieux remparts et d'anciennes maisons
qui lui donnent un aspect pittoresque peu commun.

« porter à estre bienfaictrice à notre monastère de Bourg,
« luy promettant qu'elle y auroit les mêmes privilèges qu'en
« celui-ci, qu'elle seroit mieux dans une bonne ville, lui
« représentant les difficultés qu'il y a de s'establir ès
« petites, où nous avions grande répugnance d'aller, l'as-
« surant que monseigneur le cardinal de Lyon, notre digne
« prélat, ne permettroit jamais de s'establir dans Cuiseau,
« estant un trop petit lieu, bien qu'elle en avoit tiré les
« permissions et y étions fort désirées, mais nous ne le
« voulûmes point accepter ; et, comme l'on traitoit de
« cette affaire, un prélat lui écrivit que, si elle vouloit
« aller dans une belle ville, être fondatrice d'un monas-
« tère, on lui donneroit beaucoup de privilèges. Cela n'eût
« point le pouvoir de l'ébranler, demeurant ferme, et ne
« voulut point changer son premier dessein de nous mettre
« à Saint Amour. Elle en fust pourtant divertie, parce
« qu'on l'assura qu'elle ne pourroit obtenir les permissions
« de la ville qui, estant petite avait déjà assez de maisons
« relligieuses ; cependant elle print courage, et les fist de-
« mander par Messieurs de Beauregard et de Serrière, ses
« frères, lesquels l'obtinrent sans difficulté, comme aussy
« celle de Monsieur le comte de Saint-Amour. La dite
« dame les envoya aussitôt à notre susdite mère, à laquelle
« on conseilla de les accepter parce que le pays estoit bon
« et fertile ; ce qu'elle fist après avoir fait visiter la ville
« de Saint-Amour. Elle consola fort cette bonne dame, lui
« promettant de seconder ses bonnes volontés et qu'elle
« pourroit venir passer son contrat quand il lui plairoit,
« mais comme elle fust sur le poinct de partir, elle tomba
« malade, craignant fort de mourir devant que faire ce
« bon œuvre, elle ne voulust plus différer, priant Monsieur
« le baron Cornau, son prouche parent de venir à Bourg
« stipuler son contrat pour elle, avec Messieurs ses frères
« qui estoient présents, et tout se passa selon son désir,
« **avec contentement de part et d'autre.**

« Monsieur le chanoine Gringoz, notre père spirituel,
« porta ledit contrat à Messieurs nos supérieurs de Lyon
« lesquels sans difficulté l'approuvèrent et donnèrent per-
« mission de nous establyr à Saint-Amour où notre sœur
« Françoise-Marguerite, tourière, fust envoyée pour cher-
« cher une maison capable de nous loger. Elle en trouva
« une qui appartenoit à honorable Philibert Colombet,
« prouche l'esglise parochiale, que l'on jugea assez com-
« mode pour un commencement. Notre dite sœur la fist
« vider, car il y avoit des locataires, la faisant accomoder
« convenablement pour nous, à quoy elle fust fort aydée
« de notre sœur Marie-Hélène Boulier qui, estant de la
« ville, nous servit beaucoup. Elle avait dessein d'être parmy
« nous, et bien qu'elle prétendist d'être du chœur, elle
« ne laissa pas de faire l'office de tourière en ce commen-
« cement jusqu'à ce que nous en eussions trouvé une.

« Cependant, ma très honorée sœur la supérieure de
« notre monastère de Bourg disposa ce qu'y estoit néces-
« saire ; elle envoya la garniture de six lits et quelques
« parements pour orner notre autel et pour dire la sainte
« messe et, ayant reçu nos obéissances, (1) nous partîmes.
« Cette chère mère prist la peyne de nous venir conduire
« et eust pour compagne notre sœur Claude-Françoise
« Rossan. Pour la fondation, fut envoyée pour supérieure
« notre très honorée sœur Françoise-Augustine Brun ; pour
« assistante, notre sœur Marie-Jacqueline Favre, et nos
« sœurs Claire-Marie Sarron, Anne-Marie de Montcorbier,
« Claude-Catherine Deshugonnières, Marie-Françoise de
« Villaumur, et deux prétendantes qui avoient faict leur
« essai dans notre monastère de Bourg, dont l'une estoit
« notre sœur Marie-Amour de Setturier, nièce de madame

(1) *Obédience* ou lettre d'un supérieur par laquelle il est permis à
un religieux ou une religieuse, à titre de faculté, on enjoint, en forme
de commandement, de sortir d'un monastère pour aller dans un autre.

« notre bienfaitrice ; l'autre estoit notre sœur Françoise-
« Séraphine Tribillet, sœur de Monsieur le lieutenant Tri-
« billet, de cette ville de Saint-Amour. Nous y allâmes en
« carosse et fûmes accompagnées de monsieur notre père
« spirituel, de la Verjonnière, de Monsieur et Madame de
« Serrière et autres bons amis de notre maison. Madame
« notre bienfaitrice désira que nous allassions passer en
« son chasteau de Dananche. Le lendemain 21 de may de
« l'année 1633, elle vint à Sainct-Amour avec nous, où
« estant entrées, nous fûmes conduites en l'église paro-
« chiale pour faire nos dévotions devant les corps de sainct
« Amour et de sainct Viator, et là nous donnâmes notre
« obéissance à Monsieur l'official Colombet, doyen du cha-
« pitre auquel Monseigneur le Cardinal, nostre digne
« prélat, avoit ordonné de nous recepvoir et d'estre nostre
« notre père spirituel, lequel ayant lu notre obéissance
« nous dist qu'il nous recepvoit de bon cœur de la part de
« mondict Seigneur, et que pour témoisgnage de réjouis-
« sance qu'ils en recepvoient tous, ils chanteroient le *Te*
« *Deum* que ce bon vieillard entonna. Il fust continué par
« Messieurs du chapitre, après quoy nous fûmes conduittes
« en nostre maison suivies de quantité de personnes et
« presque tous ceux de la ville nous vinrent visiter, notam-
« ment les religieux et ecclésiastiques et les principaux de
« la ville, et tous générallement tesmoignoient une grande
« joye de nostre establissement.

« Le soir, après que nous fûmes retirées, nous accomo-
« dâmes nostre chappelle et ornâmes nostre autel convena-
« blement pour y dire la sainte messe. Les révérends pères
« capussins nous prêtèrent un tabernacle et les augustins
« un calice. Le lendemain, jour de la très adorable Trinité
« nostre establissement se fist; Monsieur l'official Colombet
« nous dit la sainte messe fort solennellement et Messieurs
« du chapitre répondaient en musique. Il donna notre
« saint habit à nos deux susdites prétendantes. Le révérend

« père Faustin fit une très belle prédication sur ce sujet et
« dès lors nous eûmes le Très-Saint-Sacrement. L'on entra
« trois jours parmy nous, après quoy, nous eûmes la
« clôture, rangeant notre maison le plus régulièrement
« possible. Notre chère mère Marie-Hélène de Chastellux
« demeura quinze jours parmy nous, pour donner com-
« mencement à ce nouvel édifice, avec grande utilité et
« édification, puis elle s'en retourna avec sa compagne.

« Nous fûmes bien assistées pour le spirituel ; Messieurs
« du chapitre s'offrirent tous les jours pour nous dire la
« sainte messe, moyennant 26 écus que nous leur don-
« nions. Le Révérend Père Paul, de la Sainte Compagnie
« de Jésus, nous choisit l'un d'entre eux qu'il jugea plus
« propre pour nous confesser, qui estoit Monsieur le cha-
« noine de Boy, qui avait de très bonnes qualités pour
« cet employ. Les susdits Messieurs du chapitre nous
« venoient souvent dire des messes extraordinaires et chan-
« ter la musique aux fêtes solennelles ; notre église était
« fort fréquentée ; il y avait pour l'ordinaire, beaucoup de
« communions ; on venoit souvent ouïr notre office, les
« litanies et *stabat*.

« Ce bon peuple commença à prendre dévotion à notre
« bienheureux Père, demandant de ses reliques et aimoit
« à voir son tableau qui estoyt dans notre chappelle, y
« ayant recours en leurs besoins, et quelquefois on y faisoit
« dire des messes et neufvaines. Une femme nommée
« Jeanne Cordier reçut guérison par l'application de ses
« relicques, qu'elle mist en ses aureilles, qui luy faisoient
« des douleurs si extraordinaires qu'elle en estoyt comme
« enragée ; à l'instant elle fust guérie et fist une neufvaine
« devant son tableau en actions de grâces. Une fille nommée
« Marguerite Rofhin, ayant le visage couvert de très mau-
« vaises dartres, quy se rendoient incurables, les remèdes
« n'y servaient de ryen. Elle fist une neufvaine au bienheu-
« reux, à la fin de laquelle elle fust guérie. Ce qui fist

« qu'ils prinrent une telle estime de notre maison que
« lorsqu'ils avoient quelque affaire ils la venoient recom-
« mander aux prières, se confiant beaucoup aux interces-
« sions de ce bienheureux, et toujours nous apportoient
« quelques présents et nous faisoient de bonnes charités
« en ce commencement. Et quand nostre susdite sœur, qui
« nous voulut servir de tourière, leur racontoit nos exer-
« cices, les larmes leur tomboient des yeux de dévotion,
« et comme elle alloit achepter les petites choses qui nous
« estoyent nécessaires comme de l'huile, du sel et choses
« semblables, lui disoient de ne pas aller plus loin et lui
« en donnoient de telle sorte qu'elle ne revenoit guère de
« la ville sans nous apporter quelque chose. Il y avoit une
« bonne femme qui apportoit fort souvent de l'huile en la
« lampe qui éclairoit devant le Saint-Sacrement. Nous
« n'avions qu'une petite cloche, que madame notre bien-
« faitrice nous avoit donnée, laquelle estant rompue, ma-
« demoiselle Chappuis, avec cette bonne femme dont nous
« venons de parler, s'en allèrent de leur propre mouve-
« ment, faire une quête de métal et nous en apportèrent
« presque suffisamment pour faire nos trois cloches, qui
« estaient très belles, surtout celle du couvent. En ce com-
« mencement, il nous manquait plusieurs choses de mé-
« nagerie (1) et nous n'avions pas de quoi l'achepter, car le
« peu d'argent que nos chères sœurs de Bourg nous
« avoient prêté s'en estoit presque tout allé au raccomo-
« dement de notre maison, mais la divine Providence y
« pourvut, ainsi qu'il se verra cy-après.

« Dieu inspira notre bonne sœur Claude-Marie Voysin,
« vefve de feu Monsieur le greffier Charlot, de St-Amour,
« d'entrer parmy nous, et luy en donna un si fort mou-
« vement, qu'elle ne voulut pas même attendre pour

(1) Dans le sens de meubles de ménage ; un peu plus loin et à diverses reprises le même mot va être employé dans le sens d'épargne.

« achever l'année de son deuil ; et quoyqu'elle fust âgée
« d'environ cinquante-deux ans, elle n'appréhendoit point
« les peines de la Religion, bien que plusieurs personnes
« l'en dissuadaient, et comme elle n'avoit point d'enfant,
« elle nous donna, avec sa personne, presque tous ses
« biens ; et devant que d'entrer elle commença à tout dé-
« bagager de sa maison pour l'envoyer dans la nostre, ses
« ustensiles, coffres et autres meubles, et incontinent
« qu'ils furent entrés, toutes choses trouvèrent leur place
« pour estre employées ; les officières avec permission pre-
« noient chascune ce qui leur estoit convenable en leurs
« charges. De sorte que cette bonne vefve fust bien éton-
« née pensant que toutes ces choses qu'elle avait envoyées
« seroient serrées et qu'elle auroit la satisfaction de les
« remettre elle même à la supérieure et dit fort agréable-
« ment : il estoit tems de venir. Elle fust la première qui
« prist nostre sainct habit 3 ou 4 mois après nostre esta-
« blissement et a faict la saincte profession et est demeurée
« fort contente. Par son moyen nous fûsmes assez bien
« meublées et accommodées. Nous nous gardâmes de ses
« fonds, une vigne et quelques prés ; ainsy nous nous fai-
« sions une petite ménagerie.

« La bonne odeur de nostre maison n'estoit pas seule-
« ment dans la ville mais encore aux envyrons et commensa
« à nous venir des prétendantes de part et d'autre, mesme
« des villes comme Dole et Salins. Le Révérend Père Chif-
« flet, de la Compagnie de Jésus, grand dévot de nostre
« bienheureux Père, estant alors dans Dôle, Dieu luy donna
« une si extraordinaire affection pour notre maison,
« qu'il nous procuroit tout le bien qui lui était possible,
« et nous adressoit des prétendantes ; ce que nous tenions
« pour une Providence de Dieu bien particulière, puisque
« pas une de nous n'avait le bonheur de le connaître.
« Ainsy partout, Dieu suscitoit quelqu'un pour nous assis-

« ter, ainsy qu'il se voyt en notre chère sœur Marie-Agnès
« Gérard, laquelle estant sur le point d'entrer en un mo-
« nastère de Besançon, où elle avoit des parentes, elle eut
« quelque petite appréhension qui la fit différer, et comme
« elle communiqua son dessein à un vertueux ecclésias-
« tique, fort estimé, qui lui dit que c'estoit la volonté de
« Dieu qu'elle vint à Saint-Amour, ce qu'elle fist et prist
« notre saint habit et fist la sainte profession, à son grand
« contentement.

« Le premier achapt que nous fîmes, fust d'un beau
« tabernacle doré ; et nous voyant un peu commodes et notre
« nombre s'augmenter de jour à autre, nous fismes des-
« sein d'achepter une maison et choisimes celle qui étoit
« au plus haut de la ville. A quoi nous fûmes beaucoup
« aydées et excitées par le bon Monsieur Chappuis, qui
« estoit un homme de toute piété et de religion, estant fon-
« dateur de presque toutes celles de la ville et même du
« chapitre. Il prist fort à cœur nos petites affaires et ma-
« demoiselle sa femme, en quoy ce nous fust un très grand
« bonheur d'avoir leurs affections. Ils nous promirent de
« nous donner une vigne quy est joignant le jardin de la
« dite maison, mais comme nous estions sur le poinct de
« faire cet achapt le sieur Chapuis s'aperçut que le plus
« riche de la ville faisoit moyen de l'achepter. Il s'en alla
« incontinent quérir l'homme à qui appartenoit la maison
« avec un notaire et les amena à notre parloir et l'on passa
« le contrat. Nous en donnâmes deux mille deux cent
« livres ; nous achetâmes encore deux petites maisons joi-
« gnant des escuries qui aboutissait à une ruelle...... »
Le tout pour y construire la chapelle, le chœur, les parloirs et la chambre des tourières ; le logement des sœurs
se trouve dans la maison qui fut réparée un peu. « Le père
« Donna, capussin qui est très bon architecte » donna le
plan ; lui et M. Chapuis surveillèrent les ouvriers.

Le 22 janvier 1635, jour de saint Vincent, les 17 reli-

« gieuses, précédées du clergé, sortirent processionnelle-
« ment de leur première maison ». Elles allaient deux à
deux, un cierge à la main ; les dames de la ville, Madame
de Seyturier en tête, les accompagnaient. Arrivées dans
leur église, « le père Chrysosthôme, capussin, leur fit une
« belle prédication à la fin de laquelle on chanta le *Te*
« *Deum* en actions de grâces ».

Peu après, les religieuses achetèrent, pour 600 livres,
un jardin « dernier les murailles de la ville » où les *mes-*
sieurs de ville leur donnèrent permission de percer une
porte pour arriver commodément.

Toutes ces acquisitions furent payées comptant, par « un
« trait spécial de la providence de Dieu sur cette commu-
« nauté, qui envoya des filles avec des dottes » qui furent
employées à cela d'abord, puis ensuite mises en partie de
côté pour faire une « petite ménagerie ».

« Nous primes aussy un confesseur à nous, qui estoit
« M. Saut, à qui nous donnions cinquante escuz pour nous
« confesser et dire la messe ».

Leur père spirituel étant devenu infirme, elles le rem-
placèrent par M. le chanoine Vieux « des mieux califiés de
« la ville ».

Tout à cette époque n'était que perfection et sainteté
chez les sœurs et même chez les novices pleines de bonne
volonté, à tel point que dès qu'une sœur « pour être en-
« couragée dans l'observance » promettait quelque prière
ou sacrifice à saint François-de-Sales, « elle sentoit une
« odeur très suave qui lui fesoyt juger que c'étoit notre
« bienheureux père qui lui fesoyt connaître par là combien
« cette pratique lui estoyt agréable; nous avons santy
« souvant ces mesmes odeurs et mesme dans notre monas-
« tère de Bourg dès lors qu'on commença à parler de
« cette fondation ».

En 1636 « environ l'Assantion », cinq religieuses furent
envoyées à Mâcon pour saluer Madame de Chantal qui re-

venait de Paris à Annecy. Aussitôt après leur retour elles procédèrent à la réélection de la mère Brun qui venait d'achever son premier triennal.

Mais, à peine installées, elles allaient être obligées de s'éloigner en abandonnant derrière elles leur monastère nouveau au hasard de la guerre.

Les Français avaient commencé d'envahir le pays pour le conquérir. St-Amour, ville forte, ne devait pas tarder de recevoir leur visite intéressée.

« Six mois après, l'armée ennemie forte et puissante
« antra dans le Conté et toutes les frontières furent d'abord
« dans si grand trouble et allarmes que chacun commensa
« à débaggager et plusieurs à prendre la fuitte. On ne
« voyet que pleurs et désolations ; notre paine estoit
« extrême ne sachant à quoy nous résoudre ; d'un côté
« nous appréhendions de demeurer dans le péril, de l'autre
« nous voyons une grande peyne de sortir notre commu-
« nauté. En ce temps là notre bienheureuse mère estoyt
« en voyage et nous ne pouvions avoir son advis. L'on
« nous avertissoyt de toutes parts de nous sauver. Nos
« chères sœurs de Bourg nous mendèrent de ne pas rester
« dans le danger et qu'elles nous offroyent leur monastère
« pour notre retraite..... » Madame de Seyturier par
« l'entremise de son père et de plusieurs gentilshommes
de Bresse, les voulait voir retirer ailleurs en sûreté. Bref, elles ne savaient à quoi se résoudre. Elles pensèrent même un moment à mûrer leurs portes et leurs fenêtres ; puis songèrent à se retirer dans le monastère des Annonciades. Celles-ci qui le leur avaient offert, ne voulant et ne pouvant recevoir que les religieuses professes et non les novices, ce projet fut abandonné. Elles se décidèrent enfin à partir pour Bourg. Elles prièrent auparavant « messieurs de la
« ville de vouloir bien mettre de nos meubles et surtout
« notre beau tabernacle doré dans le chateau ; mais ils
« nous dirent qu'il n'y avoit point d'assurance ; qu'il

« seroyt aussi bien dans notre autel ; que possible les
« églises seroyent conservées, et que mesme, ils feroyent
« moyen de conserver notre maison ».

Elles laissaient quatre sœurs tourières pour veiller sur
la maison et le peu de mobilier qu'elles ne pouvaient emporter, avec promesse qu'on retireroit ces sœurs au château,
en cas de péril extrême. Elles leur ordonnèrent « de mettre
« touts leurs plus beaux meubles en une chambre et de
« la faire murer et qu'elles missent dans une cache tous
« leurs ustensiles de ménagerie et un coffre plein de meu-
« bles », la susdite cache étant si bien faite, « qu'on ne la
« pourroy jamais trouver ». Nous envoyâmes devant nous
« nos lits, nos abits et des ornements de notre sacristie et
« quelque peu de nos provisions si ce n'est le blé et le vin,
« car en temps de guerre, on ne laysse point sortir de ces
« danrées là ». (1)

Sur le point de partir, les religieuses hésitèrent, puis
reculèrent quelques-unes étant « tombées à cœur failly ».

Mais voici qu'au milieu de la nuit « il arrivât à la ville
« une allarme extraordinaire ; sur le minuit l'on tira plu-
« sieurs coups de mousquets sy que nous fûmes si fort
« effrayées que nous ne savions ce que nous faisions et que
« l'on n'entendoit que prières et clameurs à Dieu et prîmes
« le lendemain une résolution antière de sortir ; ce qui la
« fortifia beaucoup, fût que l'on nous vint dire ce mesme
« jour qu'il arrivoit cantité de gendarmes dans la Bresse,
« et que celtoit pour antrer au Conté et prendre les petites
« villes pandant que l'autre armée estoit devant Dole. »

Elles décidèrent donc de se mettre en route. Monsieur de
Cressia leur envoya son carosse, elles trouvèrent encore
d'autres voitures, et le lendemain, ayant toutes communié,
elles dirent adieu à leurs amis qui vinrent les voir au parloir, « la larme à l'œil ».

(1) Pour tout ce qui concerne ce siége, voir : M. **Perrod** : *Saint-
Amour* de 1636 à 1678, *passim.*

« Nous sortîmes, continuent-elles, accompagné de Mon-
« sieur notre confesseur et quelques-uns des amis de notre
« maison. Nous allâmes assez loin à pied parce qu'une
« sœur tourière faisoit accommoder les chariots........
« Notre nombre étoit de 24, à savoir 16 professes du
« voile noir, 3 du blanc, 3 novices, 2 du petit habit....
« Nous arrivâmes ainsy en notre cher monastère de Bourg,
« le 9 juin 1636 ».

Elles y restèrent six semaines vivant avec la communauté ; puis six mois ensuite vivant à leurs frais, bien que
« mangeant dans le même réfectoire ».

Le siège de Dole étant levé et Saint-Amour pris, elles
désirèrent rentrer à Saint Amour, mais elles n'en purent
obtenir la permission de M. de Thianges, quoi qu'elles fis-
sent pour l'avoir. Elles n'attendaient, disaient-elles, pourtant d'autres nouvelles de Saint-Amour que de savoir la
ville prise et rasée. Puis elles surent que la peste venait de
se joindre aux horreurs de la guerre ; que cette « malladie
« contagieuse s'y prit avec tant de furie qu'on nous assure
« qu'an moins de deux mois il y mourut 2.500 person-
« nes », ce qui est un chiffre notablement exagéré, la
ville n'ayant jamais eu cette population totale. L'une des
sœurs tourières qui était restée à la garde de la maison
mourut de la contagion « dans une petite tour qui est à un
« coing de notre jardin », le 3 octobre 1636 ; c'était la
sœur Tiennette « qui nous servoit depuis sing ou six mois
seulement ». La seconde, sœur Marie-Elisabeth Pery, prit
le mal en nettoyant la chambre de sa compagne et mourut
peu après ; leur confesseur prit aussi la peste et leur maison
demeura à l'abandon. La contagion ayant envahi Bourg, elles
durent quitter la communauté qui les abritait de peur de
fournir au mal un foyer trop propice, par cette agglomé-
ration de personnes. Elles se séparèrent donc le 6 octobre
1636 et s'installèrent dans une maison « proche des R. P.
jésuites. » On les mena en carosse à leur nouveau logis.

« Quand ce vint à souper nous n'avions rien de prêt ; nous
« nous assîmes par terre et nous fallut contenter d'un peu
« de pain et de fromage ». Elles ne laissèrent pas
cependant de faire tous leurs exercices comme si elles
eussent été bien établies ; trois sœurs mêmes furent reçues
à la profession.

Leur affliction fut au comble quand elles apprirent que
« notre pauvre ville de Saint-Amour fut des premières
« assiégées et prise par assaut avec tant de furie et de
« cruauté que c'est une chose incroyable. Tout fut mis à
« feu et à sang, une partie de la ville bruslée, une grande
« part rasée et réduite en masure... », elles perdirent
tout ce qu'elles avaient, leur monastère fut pillé de fond en
comble ; leur confesseur fût fait prisonnier, y demeura neuf
mois, puis délivré après rançon, vint les retrouver à Bourg.

Il ne fallait plus songer à retourner « dans le petit pa-
« radis terrestre de Saint-Amour et il fallait quitter la
« maison proche des bastions de la ville exposée à estre
« dérobée..... ». Elles allèrent loger dans la maison de M. de
Lavernée, mais elle était en si mauvais état que leur médecin
leur défendit d'y demeurer, de peur des maladies, l'archevêque de Lyon leur procura alors une retraite à Montluel.

Elles s'y rendirent aussitôt en « pitoyable équipage »,
ne trouvèrent pour les recevoir que « de menues gens et
« pas une demoiselle de calité », rien que les quatre murs
aussi et pas de ressources (1). Animées par l'exemple et
les paroles de leur supérieure, la mère Brun, et de son as-

______

(1) « La disette et la misère de ces pauvres réfugiées étoient quel-
« quefois telles qu'elles se voyoient obligées de se partager un œuf à
« la main et de coucher dans des chétifs galletas, sur la paille, où
« notre chère sœur se trouvoit souvent couverte de neige, comme elle
« nous l'a raconté, et qu'elles vivoient très contentes et joyeuses dans
« leurs nécessités, si bien que le Seigneur les éprouva par des fortes
« maladies..... ».
Abrégé de la vie et des vertus de la sœur Jeanne-Barbe Chapuy ;
Circulaire de 1694.

sistante la mère Favre, elles se mirent à l'ouvrage pour gagner leur pain quotidien. Elles reçurent 3.680 livres d'aumônes des divers monastères de France, y ajoutèrent bien 1.000 livres de leur travail et purent subvenir ainsi à leurs besoins les plus pressants, réparer leur maison et l'aménager en monastère régulier.

Survint la peste qui les obligea à changer de domicile une 4ᵉ fois depuis le commencement de leur exil. M. Dutanay, gentilhomme du voisinage, leur offrit sa maison de campagne et se retira, lui et sa famille, dans la maison de son jardinier. Elles demeurèrent environ trois mois dans ce logis d'emprunt et rentrèrent ensuite dans le leur.

Presque aussitôt, elles faillirent être incendiées par un de « ces feux de joye qui se font à la Saint-Jean..... cer- « tains jeunes gens se divertissant firent sauter quelque « bluette de feu contre notre maison... qui s'allumât...; « Notre Seigneur fit bien voir que les bons anges la gar- « doient, car à même temps que le feu commençoit à « prendre, l'on frappa trois gros coups à la porte en « dedans de la dite maison, ce qui fit prendre garde à « ceux qui estoient proches qui antendirent ces coups.....» et qui portèrent un prompt et efficace secours.

En quittant Saint-Amour, elles étaient 23. Deux moururent à Bourg pendant les quatre ans qu'elles y restèrent; et 8 autres à Montluel pendant les 14 ans qu'elles y demeurèrent. Pendant les huit dernières années, elles entretinrent à Saint-Amour une sœur tourière qui fit au monastère les réparations les plus urgentes, recouvrir les toits, travailler les vignes et le reste.

Enfin en 1653, elles décidèrent d'y renvoyer un essaim. Celui-ci partit de Montluel le 15 août, sous la conduite de la mère Françoise Brun, « qui après être resté quelques « semaines s'en retourna, et laissa pour gouvenner en sa « place, ma très honorée sœur Marie-Jacqueline Favre, « comme assistante ».

La nouvelle supérieure fit tous ses efforts pour remettre les choses en état et y réussit si bien qu'après une année, malgré un hiver rigoureux qui avait gêné les travaux, la maison n'était plus reconnaissable.

L'année suivante, les autres sœurs demeurées à Montluel, au nombre de six, vinrent rejoindre leurs aînées, sous la conduite toujours de la mère Brun, qui, après être demeuré quelques semaines au monastère, s'en retourna ayant vu élire comme supérieure la mère Favre.

« L'on fit aussy partage de nos fonds antre les deux cha-
« pitres, qui signèrent de part et d'autre, demeurant ré-
« ciproquement constantes, avec promesse de ne se jamais
« rien demander les unes aux autres. » (1).

Nous lisons d'autre part dans le *Livre des vœux* du Monastère de Montluel :

Première fondation de notre Monastère de Montluel en 1640, par la très honorée mère Françoise-Augustine Brun, décédée le 16 janvier 1659, âgée de 60 ans, dont 38 ans de profession.

« Cette très honorée mère était professe de notre premier
« Monastère d'Annecy, elle fut envoyée pour la fondation
« de notre Monastère de Dijon en 1622 ; après avoir merveil-
« leusement édifié nos sœurs de Dijon, ses supérieures l'en-
« voyèrent en 1633, pour l'établissement de notre Monastère
« de Saint-Amour. Lorsqu'en 1637, la guerre entre la
« France et l'Espagne étant déclarée, le Comté de Bourgo-
« gne fut le théâtre où se jouèrent de sanglantes tragédies,
« nos sœurs de Saint-Amour se prévalurent des offres de
« nos sœurs de Bourg ; elles y envoyèrent les effets de leur
« sacristie et autres, puis, s'y retirèrent ; mais, au bout de

(1) Voir aussi : « *Histoire des fondations de l'Ordre de la Visitation Ste-Marie,* par notre très honorée sœur, la mère Françoise-Marie de Chaugy, composée ès année 1637 et 1638. » 1 vol. in-folio, manuscrit, au Monastère d'Annecy ; et *Fondations manuscrites de nos Monastères,* 20 volumes in-4°, au même monastère.

« six mois, la peste s'étant déclarée, elles furent obligées
« de quitter nos sœurs de Bourg. leur local étant trop petit.
« M. Lelong, agent du prince de Condé, leur procura une
« maison à Montluel, où elles obtinrent la permission de
« s'y retirer comme réfugiées. Le voyage fut assez pénible
« et la pauvreté du commencement bien grande ; elles pré-
« parèrent une petite chapelle où l'on dit la première messe
« le jour de la Présentation 1640.

« Notre sainte mère instruite de leur pauvreté leur en-
« voya 820 francs au nom du premier monastère d'Annecy,
« c'était la pension des deux dernières années de sa vie,
« que la sainte recevait de Mgr de Bourges, son frère. Plu-
« sieurs de nos maisons suivirent son exemple, ce qui les
« aida un peu. La petite famille commençait à peine à res-
« pirer, que la peste se déclara avec tant de fureur à Mont-
« luel, qu'il fallut accepter l'offre de M. de Thanay qui leur
« abandonna un de ses châteaux durant la contagion. Tandis
« que nos sœurs y suivaient fidèlement nos saints exercices,
« le bon Dieu veillait amoureusement sur leur maison res-
« tée abandonnée à Montluel. La veille de Saint-Jean-Bap-
« tiste, comme on faisait les feux d'usage sur une place
« très rapprochée, le feu prit à leur toit. Or, tandis qu'il
« commençait à brûler, les personnes qui se trouvaient
« dans la rue entendirent frapper trois grands coups, en
« dedans de la porte de clôture, comme on était sûr qu'il
« n'y avait personne, on fut épouvanté ; mais levant les
« yeux, on comprit que le céleste gardien du Monastère
« avertissait du danger. Un charpentier enfonça une fenêtre
« et, contre toute apparence, le feu fut éteint avant qu'il
« eût pu causer un vrai dommage, ce que nos sœurs attri-
« buèrent à la protection du grand saint Joseph. Après
« leur retour à Montluel, une partie de la ville souhaita
« leur établissement définitif. Mais comme on y fit de
« grandes oppositions, la très honorée mère Françoise-
« Augustine obtint que Mme la duchesse de Montmorency

« présentàt son humble requête au prince de Condé. Cette
« requête avait été conçue en si bons termes, qu'après en
« avoir pris connaissance, le prince dit à celui qui la lui
« avait remise : « Cette supérieure a la tête d'un homme
« sur les épaules d'une femme ; j'accorde les permissions
« qu'elle me demande. En une fête de la Très-Sainte-
« Trinité, comme la communauté faisait la procession après
« vêpres, au moment où la croix sortait du chœur, trois
« colombes parurent et la suivirent tout autour du jardin,
« ce qui fut regardé comme un présage, ou comme un
« signe, que les trois adorables personnes de la Sainte-
« Trinité prenaient cette communauté sous leur spéciale
« protection. A la déposition de la très honorée mère Fran-
« çoise-Auguste Brun, ce fut la très honorée sœur Marie-
« Judith Gilbert, du premier Monastère d'Annecy, qui fut
« élue supérieure.

« Elles firent bâtir un Monastère dont la construction
« absorba toutes leurs ressources. Ce mauvais état de
« leurs finances les obligea à se disperser dans divers mo-
« nastères de notre saint ordre en 1751.»

A cette époque la communauté de Saint-Amour était si
nombreuse qu'elle ne put recevoir aucune des sœurs de
Montluel, mais elle paya la pension pour quatre religieuses
dans d'autres monastères (1).

______

(1) La destruction du monastère de Montluel, qui touche si vivement
« tout l'Institut, nous est doublement sensible, ayant été établi par
« les anciennes supérieures de notre maison, lorsque les guerres, la
« prise du comté et la maladie contagieuse les obligèrent à errer de
« maisons en maisons, pendant l'espace de dix-sept ans, durant les-
« quels elles se réfugièrent enfin à Montluel, y bâtirent un monastère
« qu'elles laissèrent rempli de très fidèles épouses de Jésus-Christ, et
« revinrent ensuite, l'année 1653, se remettre en possession de leur
« première maison de Saint-Amour où il n'était resté que les quatre
« murailles, tout le resté ayant été pillé ou brûlé, Nous avons donné
« à ces chères sœurs de Montluel, les secours que nous avons pu ;
« nous étions même disposées à en recevoir plusieurs dans notre

Le Monastère actuel de Montluel n'a rien de commun avec le premier fondé par les sœurs de Saint-Amour. Il fut établi en 1820 par de pieuses demoiselles de Montluel ; le monastère de Lyon leur envoya quatre religieuses pour commencer.

Dans le récit de leurs premières années, nos religieuses ne parlent pas de leurs rapports avec la fondatrice de leur Ordre, Jeanne-Françoise de Chantal. Dans sa correspondance pourtant, elle nomme plusieurs fois le monastère de Saint-Amour et deux lettres lui sont entièrement consacrées, l'une adressée aux religieuses du monastère, l'autre à la supérieure seule.

« A nos très chères sœurs du monastère de Saint-Amour,

29 juin 1633,

« Mes très chères sœurs et filles bien aimées en Notre-Seigneur, que je supplie de vous combler des richesses de
« son Saint-Amour, je vous remercie des témoignages que
« vous me rendez de votre dilection envers moi, qui vous
« assure que j'y répondrai toujours de tout le cœur et de
« toutes les affections que Dieu me donnera, en vous ché-

« maison, quoique notre communauté soit fort nombreuse ; mais il a
« été jugé plus à propos que nous leur fournissions des pensions ;
« c'est pourquoi nous en payons à quatre. »
(Circulaire de 1752). Pour en finir avec le monastère de Montluel, mentionnons l'acte du 7 janvier 1645, par lequel « les supérieures et
« religieuses du monastère de la Visitation de Sainte-Marie érigé dans
« la ville de Montluel déclarent qu'à la diligence de dame Jeanne de
» Seyturier, elles ont été établies audit Saint-Amour et qu'elles veulent
« et entendent que dorénavant elle soit censée et réputée pour vraye
« et légitime fondatrice de leur dit monastère ; qu'elle jouisse pleine-
« ment et entièrement des honneurs, droits et autorités qui lui sont
« dues et appartiennent en ladite qualité ainsy que de coutume en pa-
« reil cas, rayant qualité de Bienfaitrice qui lui avoit été donné par
« le contrat d'établissement. »
Arch. dép., cote un.

« rissant très sincèrement et très cordialement, comme
« mes filles bien aimées. Je suis bien consolée de voir les
« bons désirs que Dieu vous donne à toutes de cheminer
« fidèlement dans la vraie observance ; vous serez bien
« heureuses si vous faites de la sorte, mes chères sœurs, et
« suivrez en cela l'exemple de votre bonne mère, de laquelle
« je suis bien ayse de voir que vous avez l'estime que vous
« lui devez et que vous la chérissiez avec une entière con-
« fiance et amour, vous avez bien raison, car c'est une
« âme que j'ay toujours aimée et reconnue pour une vraie
« fille de la Visitation. Suivez bien simplement et humble-
« ment la direction qu'elle vous donnera à chacune en par-
« ticulier et à toutes en général et je vous assure que vous
« marcherez bien droitement en la voie de votre sainte vo-
« cation. C'est ce que je désire de tout mon cœur en me re-
« commandant à vos ferventes prières, mais je dis de toutes.
« Je demeure pour jamais, après vous avoir conjurées de
« vivre en parfaite union les unes avec les autres, mes très
« chères filles, etc. — Dieu soit béni (1). »

A la Mère Françoise Brun,
Supérieure du Monastère de Saint-Amour.

5 juillet 1633.

« Ma très chère fille, je ne puis ni ne dois jamais doub-
« ter de votre dilection envers moi, qui, réciproquement,
« vous puis assurer que la mienne persiste en sa fidélité
« sans jamais varier ; en un mot donc, ma très chère
« fille, nous devons nous tenir assurées l'une de l'autre
« pour toujours. J'espère que Dieu qui vous a envoyé en
« ce lieu là, tirera de gloire du service que vous lui ren-

---

(1) *Lettres inédites de la sainte mère Jeanne-Françoise Frémyot, baronne de Chantal*, etc., par Edouard de Barthélemy. Paris, Lecoffre,
1860. Tome Ier, page 256, 257.

L'original de cette lettre est à la Visitation de Poitiers.

« drez ; et je suis bien consolée de vous savoir dans la
« charge d'une de nos maisons, parce que je crois que
« vous y maintiendrez toujours l'exacte observance, comme
« vous me le promettez et que je vous en conjure de tout
« mon cœur. Ma très chère fille, faites en sorte que nos
« bonnes sœurs vivent en grande paix et union ensemble
« et avec vous, afin que, par ce moyen, elles se puissent
« disposer pour recevoir les grâces de Notre Seigneur, qui
« leur sont nécessaires pour arriver à la parfaite union
« de leurs âmes avec sa divine bonté que je supplie de
« verser abondamment ses plus désirables bénédictions
« sur ce nouvel établissement, pour le faire croître et
« fructifier en toutes saintes vertus. Tout ce que vous
« me mandez qui s'est passé, en cette occasion, me donne
« sujet de beaucoup bénir et remercier sa divine Ma-
« jesté, puisque le peuple de ce lieu là est si bon et vous
« affectionne tant, ce qui est une chose fort désirable ;
« tàchez de leur correspondre, ma très chère fille, en tout
« ce qui vous sera possible et croyez que tant que je vivrai je
« serai toujours, ma très chère fille, etc. Dieu soit béni (1) ».

Nous savons peu de choses sur la vie du Monastère,
depuis le retour des religieuses de Monthuel. Nous trouvons en 1656, dans un acte par ailleurs sans intérêt, la
mère Françoise Augustine Brun qualifiée de « Supérieure
de deux monastères et couvents de la visitation Sainte-
Marie de Saint-Amour estant présentement estably à
Monthuel » (2).

En 1656, cependant, et depuis trois ans déjà, la supérieure du monastère de Saint-Amour était Marie-Jacqueline Favre, du monastère d'Annecy ; la mère Brun n'inter-
vint dans l'acte que nous venons de citer, qu'au temporel
et pour une affaire commencée jadis par elle, ce qui lui

______

(1) Ibidem. p. 255 et 256. L'original est à la Visitation d'Annecy.
(2) Arch. dép., pièce cotée 13, du 4 février 1656.

imposa de prendre la qualité de supérieure. Ensuite nous trouvons comme supérieures Françoise Angélique de la Pesse, élue en 1658, réélue en 1661 ; Marie Jacqueline de la Charme, élue en 1664, réélue en 1667 ; Françoise Jeanne Marchet, du monastère d'Annecy, élue en 1670, réélue en 1673 ; Claude-Joseph Guyénard, élue en 1679 ; Jacqueline de la Charme, une seconde fois élue en 1679 ; puis Claude-Joseph Guyénard, à son tour en 1681, et enfin Françoise-Madeleine Arnoux, élue en 1688 et 1691.

C'est celle-ci qui s'occupa de faire dessiner et enregistrer les armoiries du monastère. Elles sont ainsi décrites par d'Hozier : « *Le champ d'or, au cœur de geulle persé de deux flèches empennées d'argeant, passées en sautoir à travers du cœur, chargé d'un nom de Jésus d'or enfermé dens une couronne d'espines de sinople, les espines ensanglantées de gueulle, une croix de sable fichée dens l'oreille du cœur* ».

Ces armoiries furent définitivement enregistrées le 11 mars 1701. Entre temps, il avait fallu payer le droit « d'amortissement » qui se monta à 29 livres 10 sols, ce qui parut un peu cher aux religieuses ; elles se firent un peu attendre pour le payement de ce droit ; on leur envoya même l'huissier d'Orgelet pour les y contraindre. Tout cela est raconté par une correspondance entre la supérieure et Claude Bret, leur procureur au siège du baillage. Et quand tout est terminé, celui-ci leur écrit, en manière de consolation :

« Il sera beau de voir de si ravissants blasons pour vos
« armes. Il est vray qu'on ne sauroit trop mettre de beaux
« ornements pour le sacré cœur de Jésus que vous avez
« l'honneur de mettre dans votre cachet. Je deffie les plus
« belles armes dans le monde aller sans hors de compa-
« raison aussi bien que dans le ciel » (1).

(1) 1697. Cote 5.
La Voyante de Paray, sœur Marguerite Marie, était morte en

Un dénombrement de la ville de Saint-Amour en 1687, donne comme population pour le monastère de la visitation « 48 religieuses tant choristes que sœurs laies, 2 pentionnaires, 3 servantes... » (1).

Dès les premiers jours de leur installation, les religieuses organisèrent chez elles le service divin. Leur premier aumônier fut M. Colombet, que nous avons vu qualifié de : *leur père spirituel*. Nous avons une « Convention pour dire « la messe basse et faire tous les autres services de la « Visitation par le Sr. Gollier, Claude François, de Poligny, « demeurant à Saint Amour, moyennant cent huictante « livres, monnoye de France pour chacun an ». L'acte est du 9 mars 1666 (2). Il fut renouvellé le 15 septembre 1667. L'abbé Gollier enfin fut nommé chanoine de Saint-Amour le 21 octobre 1673. Nous ignorons par qui il fut remplacé.

Les fondations commencèrent aussi de venir pour permettre au nouvel établissement, non seulement de vivre, mais encore de grandir.

L'une, du 15 avril 1687, fut faite par demoiselle Héleine de Montauban, veuve de feu noble Amour de la Griffonnière, co-seigneur de Pirajoux et dudit lieu; « à « condition que lesdites dames de la Visitation recevront « ladite damoiselle de Montauban, pentionnaire audit mo- « nastère de Saint-Amour, la nouriront, coucheront, chau- « feront et sera servie comme une religieuse... moyen- « nant cent huictante livres monnoye de Bourgogne pour « chacun an... les religieuses promettent aussi et s'obligent

---

1690. La dévotion au Sacré-Cœur était donc toute nouvelle encore. La première image du Sacré-Cœur vénérée par la bienheureuse elle-même, à Paray, est de 1685.

(1) Arch. comm. de Saint-Amour, série J J., n° 17. Naïvement irrévérencieux, il ajoute après les trois servantes : « ... 3 vaches et 3 pourceaux ».

(2) Cote 252.

« à faire enterrer lad. dame de Montauban aud. monastère
« et en habit de religieuse si toutefois elle y meurt et en
« considération de leur bonne votonté lad. demoiselle
« promet achetter sous huict jours un parement d'autel
« de valleur de cent cinquante francs en dite monnoye » (1).

Le 29 octobre 1672, par contre, elles furent obligées de
déchirer le contrat précédemment passé entre elles et Anne
Martin, veuve de Noël Lambert, peintre de Lyon, qui leur
avait fait donation de tous ses biens. Cette dame s'étant
retirée « ne se pouvant faire et accomoder à une vie reti-
« rée et de clôture, après les divers essais qu'elle en a
« fait » (2).

Philibert Don, marchand à Saint-Amour, donne un
« chazal de maison prouche les hasles, » avec un petit jardin en dépendant, du coté du matin « à condition que
ces dames lui promettent de « faire le jour même de son
décés, ainsi que pour hon. Philiberte Masson, sa femme,
le même service pour chacun d'eux que pour une sœur du
monastère en reconnaissance de ce bienfait » (3).

Le 2 septembre 1693, Mademoiselle Jeanne Domet, veuve
de Jean Baptiste Pourcellier, marchand apothicaire à Lons-
le-Saunier, donne tous ses biens au monastère de la Visitation de Saint-Amour à condition « qu'elle sera nourrie
« et entretenue pendant sa vie naturelle durant, suivant
« sa condition audit monastère saine, malade, en paix et
« en guerre comme membre dud. monastère, qu'elle y
« aura une chambre à feu et qu'elle jouira pendant sa vie
« des meubles qu'elle a apportés aud. monastère et dont
« elle a donné inventaire ; qu'elle ne sera pas obligée à la
« clôture étroite d'une religieuse, mais qu'elle pourra sor-
« tir quelquefois... s'obligeant lesdites dames religieuses

(1) Cote 93.
(2) Cote 91.
(3) Arch. départem. Acte du 23 avril 1683, non coté.

« de prier pour elle après sa mort et d'habiller douze
« pauvres à son enterrement et de l'habiller elle-même en
« religieuse... » (1).

La lettre circulaire du 28 septembre 1694, le plus ancien document de ce genre qui nous soit resté, nous
donne peu de détails sur la vie extérieure du Monastère ;
par contre, il nous initie à quelque chose de son existence
intime et c'est avec une simplicité, un abandon qui tiennent
à l'époque sans doute et que nous ne retrouverons plus
ensuite.

Dans l'octave des Rois, d'abord, la Supérieure, mère
Claude Joseph Guyénard, qui venait d'être réélue après
deux triennaux et un intervalle de six ans, tomba dange-
reusement malade. Hors de péril, elle eut une rechute qui
fut aux sœurs « un grand rabat de joie » et dont elle
fut longue à se remettre. Puis vint « la disette des grains ».
La supérieure ne se découragea pas ; elle avait mis son
monastère sous la protection de la Vierge Marie dont la
maison possédait une « dévote figure ». Le jour de son
élection, elle avait envoyé ses sœurs baiser la main à cette
statue et l'avait fait ensuite « porter en procession par
« tout le monastère, afin de l'obliger d'en prendre un
« soin spécial, que nous expérimentons bien en divers
« événements, notre nombreuse famille ayant toujours le
« nécessaire et tâche de soulager la misère des pauvres,
« très grande en cette ville par la disette des grains que
« le Seigneur qui vivifie et mortifie... a fait succéder à une
« année d'abondance... » La guerre aussi leur fit sentir
quelques-unes de ses conséquences puisqu'elles prient sans
cesse « la puissante reine de la paix d'en moyenner une
« ferme et stable... en attendant cette grâce, avoir celle
« de pouvoir jouir du privilège que notre grand monarque,
« par sa bonté royale, a daigné accorder à notre institut

(1) Arch. dép. non coté.

« touchant l'exemption du Don gratuit ; on nous en a
« fait difficulté en cette province, parce qu'elle est depuis
« peu conquise ; aidez-nous de vos prières, pour obtenir
« du ciel ce que nous refuse la terre... » Elles n'ont
qu'une consolation, c'est d'avoir vu faire la profession à
leur unique novice, la sœur Bénédicte de Saint-Point,
nièce de feu Monsieur le Commandant de Sillery. Celle-ci
fut presque aussitôt remplacée au Noviciat par une autre
postulante et nous trouvons, à la fin de l'année 1694, le
monastère habité par quarante religieuses du voile noir,
sept du blanc, une novice, trois sœurs tourières et quatre
séculières.

A la mère Guyénard, succéda, en 1700, Françoise
Ursule Duport, réélue en 1703 pour un second triennal
et remplacée après trois ans par Jeanne Charlotte Duport,
« élue pour supérieure avec un applaudissement général ».

Née à Bourg-en-Bresse, celle-ci était la sœur cadette de
celle à qui elle succédait. Entrée jeune à la Visitation de
Saint-Amour, elle y avait été successivement réfectorière,
économe et directrice du Noviciat, ses supérieures ayant
« moins d'égards à sa jeunesse qu'à son talent ». Elle fut
aussi chargée de surveiller et de diriger les travaux de construction ou de réparation de l'église du monastère. « Ce
« n'étoit point assez pour cette fervente sœur de répondre
« avec douceur à une foule d'ouvriers, elle les recevoit
« avec cordialité... Son plaisir étoit de partager leurs
« fatigues ; elle portoit elle-même avec eux des pierres, du
« sable, des thuiles ; elle étoit toujours couverte d'une
« abondante sueur. Mais tous ces travaux lui étoient in-
« finiment doux dans la pensée qu'elle contribuoit à édi-
« fier la maison du Seigneur » (1).

Jusqu'en 1730, Jeanne Charlotte Duport et sa sœur

____

(1) Abrégé de la vie et des vertus de notre très honorée mère
Jeanne Charlotte Duport.

Françoise Ursule sont élues à tour de rôle ; « ce sont, disent
« les religieuses, des alternatives très agréables pour
« nous ; la douceur que nous goûtons sous leur aimable
« gouvernement fait régner une grande paix et tranqui-
« lité dans notre communauté, et notre empressement à
« y demeurer est une preuve de l'estime que nous en fai-
« sons » (1).

C'est, ainsi que nous allons le voir, durant leur double
gouvernement que s'accomplit la transformation matérielle
du monastère.

Le premier soin de mère Ursule fut auparavant de terminer une affaire urgente.

Les monastères de la Visitation établis en Franche-
Comté avaient négligé une formalité administrative dont
ils ne tardèrent pas cependant à sentir la nécessité et qu'ils
se hâtèrent d'accomplir. Je veux parler de la permission
du roi pour s'établir, se construire, acquérir et vendre,
faire en un mot tous les actes de la vie civile et surtout
jouir en paix de l'exemption de tous impôts sauf ceux concernant les biens de mainmorte, n'être pas soumis au logement des gens de guerre, ce véritable fléau de notre mal-
heureuse province depuis la conquête. Le roi accueillit
favorablement leur requête et ses lettres patentes furent
enregistrées au Parlement de Besançon le 22 septembre
1700, devenant ainsi exécutoires d'une façon définitive.

Les religieuses de Saint-Amour en furent averties, pour
ce qui les concernait, par la supérieure du monastère du
faubourg Saint-Jacques qui avait fait les démarches nécessaires, qui prit la peine de leur expliquer ce qu'elles allaient
avoir à payer pour le droit d'amortissement, ce droit ne
concernant que les fonds en dehors de la clôture mais non
« le couvent, église et jardins renfermés, les parloirs et
« logement des tourières et celuy du confesseur, sacristins

____

(1) Circulaire de 1713.

« ou gens de services pourvu qu'ils soient proches de la
« maison ou tenant à l'église ; tout cela est amorti par
« les dites lettres » (1).

Cela coûta au monastère de Saint-Amour soixante-dix
livres, somme considérable, dont la supérieure de Paris dit
qu'elle aurait bien voulu épargner la moitié, ce qu'il lui a
été impossible de faire « bien qu'elle y ait employé plu-
« sieurs de ses puissants amis. » Elle termine du reste en
disant : « Agréez, ma très chère et très honorée sœur, que
« nous vous offrons deux louis comme une petite et foible
« marque de l'affection de mon cœur qui voudroit bien
« pouvoir satisfaire l'inclination que j'aurois de vous pro-
« curer quelques bienfaits considérables ».

Cette exemption d'impôts ordinaires était particulièrement sensible aux religieuses de Saint-Amour : elles avaient
commencé de construire les vastes bâtiments dont nous
voyons aujourd'hui les restes considérables. La ville ne
regardait pas d'un bon œil ces agrandissements. Toutes les
fois que les religieuses achetaient une maison pour l'habi-
ter ou la reconstruire ou même la démolir en entier, c'était
autant de soustrait aux impôts ordinaires et au logement
des gens de guerre. La charge totale n'en était pas pro-
portionnellement diminuée ; elle était seulement partagée
en une fraction de moins et pesait plus lourdement sur
les autres ; aussi les habitants et le magistrat, gardien de
leurs intérêts, protestèrent-ils souvent contre les agrandissements des couvents de la Visitation, des Annonciades,
des Augustins, etc. Les Visitandines avaient acheté en
1697, pour bâtir leur église sur cet emplacement, de
vieilles maisons appartenant à la ville, une partie des vieux
remparts et une vieille tour carrée, partie des anciennes
défenses, qui se trouvait juste à l'extrémité de la rue

(1) Lettre de la Supérieure du Monastère de Paris à celle du Monastère de Saint-Amour. Arch. dép.

Sainte-Marie dont on a si malencontreusement traversé leurs bâtiments. Le Conseil leur fit signifier par huissier d'avoir à cesser le travail commencé « pour le bâtissement « de leur église... et le démolissement de la tour Bou- « chard et du reste des anciennes murailles de ladite ville ». L'affaire s'arrangea à l'amiable et, à notre connaissance, n'eut pas de suite. Elle devait renaître trentre-trois ans plus tard, en 1738, au sujet d'une acquisition nouvelle faite au sieur Pellot, gentilhomme, de deux vieilles mai- sons « joignant et mitoyennes avec leurs parloirs, un « petit jardin en dépendant qui leur avoit appartenu « anciennement et qu'elles avoient été obligées de céder « par accomodement pour une place pour achever le « chœur de leur église, et une chenevière... » (1)

Moins accomodant, cette fois, le magistrat, après avoir protesté, ne céda qu'en faisant payer son consentement. Il eut en échange : « partie du terrain sur lequel sont « assises lesd. maisons... les religieuses s'obligeant en « outre de faire construire, dans l'espace de deux années, « sur la partie qu'elles se sont réservées, des bâtiments de « trente pieds de profondeur dans œuvre et dont la façade « sur la place publique fera un ornement, comme aussi « de ne faire occuper lesd. bâtiments que par des bour- « geois sujets au logement de nos troupes et gens de guerre « et en outre aux autres charges, conditions, etc... » le tout confirmé par lettres patentes du Roi, en date du 9 oc- tobre 1732 (2).

En 1740, nouvelles et encore semblables difficultés pour la construction des bâtiments en bordure de la rue de Guichon. Les religieuses furent contraintes d'y réserver des logements pour les bourgeois ainsi qu'il avait été exigé en 1732.

(1) Archives départementales ; pièce non cotée.
(2) Archives départementales ; pièce non cotée.

Mais revenons en arrière, au point où nous en sommes resté. Rien de bien intéressant, du reste, jusqu'en 1718. Les lettres circulaires notent « que l'infirmerie reste vide « pendant les grandes froidures de 1709 et tout l'été sui- « vant... », que « par un pressentiment que nous croyons « nous être venu de Dieu, nous achetâmes... l'année « avant la disette... contre notre ordinaire, un amas de « bled assez grand pour suffire pour notre entretien et « pour celui d'un grand nombre de pauvres pendant deux « années (1) ». Les sœurs aussi sont animées du meilleur esprit : « Plusieurs de nos sœurs ont des pentions de leurs « parents, mais bien loin de regarder ces pentions comme « un bien particulier pour elles, tout est mis en commun ; « elles portent même l'exactitude si loin là-dessus, qu'elles « croiroient agir en propriétaires si elles demandoient « permission pour s'en servir pour l'ornement et l'em- « bellissement de leurs offices » (2).

Enfin la communauté « est toujours nombreuse par « rapport au petit endroit où nous sommes encore établies ; « nous sommes encore à présent quarante-et-une professes « du voile noir, cinq du blanc, deux novices, deux pré- « tendantes, deux sœurs tourières, deux filles de service, « et quinze pensionnoires y comprenant la fille de M. le « comte de Serrière qui nous a demandé le petit habit « avec tant d'insistance que nous le lui avons accordé » (3).

Ces religieuses demandaient des ressources à leur tra- vail de chaque jour : « Aucune ne travaille pour son par- « ticulier, toutes s'occupent pour le commun à faire les « ouvrages qu'on nous demande du dehors, nous trou- « vons dans cette conduite une ressource si considérable « que quoique nos revenus soient d'ailleurs assez médiocres

(1) Circulaire de 1713.
(2)   id.   de 1711.
(3)   id.   id.   page 3 et 4.

« nous ne laissons pas de vivre assez aisément pour des
« religieuses à qui le nécessaire doit suffire » (1).

En 1713, malgré la mort des sœurs Anne Marie Bou-
lard (2) et Louise Henriette de Balay (3), le monastère
avait augmenté ; il comptait « quarante-cinq professes du
« voile noir, cinq du blanc, deux novices pour ce rang,
« deux prétendantes pour le chœur, une sœur du petit
« habit, trois sœurs tourières, et dix-sept pensionnaires » (4).

En 1715, elles étaient quarante-huit du voile noir, sept
du blanc, une novice, une sœur du petit habit, une prétendante, quatre tourières et douze pensionnaires (5).
Toutes dans une union parfaite et un détachement absolu
du monde, « détachement si entier qu'elles n'ont aucune
« communication avec le dehors. Nos parloirs sont pres-
« que toujours déserts, et l'on y voit si peu de monde que
« quelques personnes de distinction nous ont témoigné leur
« étonnement d'y voir régner un silence qui égale presque
« celui qu'on doit garder dans les lieux destinés à la
« prière » (6).

(1) Circulaire de 1711, page 4.

(2) Née en 1655 dans un petit village près de Saint-Amour. Entrée au monastère en qualité de sœur tourière en 1686, et morte le
17 février 1713.

(3) Louise-Henriette de Balay Marrignat, d'une ancienne famille
noble de la province ; née en 1648, successivement pensionnaire puis
religieuse à la Visitation de Saint-Amour. On raconte qu'un jour un
pauvre vint demander au parloir la sœur Louise, la pécheresse ; c'était
ainsi que dans son humilité elle lui avait donné son nom quelque
temps auparavant. Elle mourut le 4 juin 1713, après 30 ans de profession religieuse.

(4) Circulaire de 1713.

(5) Circulaire de 1715.

(6) A plusieurs reprises, les supérieures expriment le même sentiment : « Nous vivons en ce petit endroit, dans un si grand éloigne-
« ment du monde que pour l'ordinaire nos parloirs sont absolument
« vides... » Circulaire de 1713.

« Renfermée dans notre petit Saint-Amour, éloignée de toutes con-

Les sœurs depuis longtemps désiraient terminer leur
église, et surtout la rendre plus commode. La mère Duport
y donne tous ses soins. Elle écrit, en 1715, « nous venons
« enfin par accomodement de terminer une difficulté que
« tous nos mouvements et nos soins n'avoient pu finir
« depuis dix ou douze ans ; une partie de notre chœur étoit
« élevée plus que l'autre de sept à huit piés, ce qui le ren-
« doit également difforme et incommode. La cause de cette
« difformité étoit que le bas appartenait à une dame de
« cette ville que toutes nos sollicitations et celles de nos
« amis n'avoient pu gagner. Il est à présent sur un même
« niveau, ce qui le rend beau et bien grand ; cette répa-
« ration nous a engagé à ce faire une seconde, c'est d'é-
« largir la grille du chœur, elle n'étoit que de dix à douze
« piés ; elle est maintenant de quinze piés... Une dame de
« considération a bien voulu nous préférer à tout autre
« dans la vente qu'elle nous a faite de sept pans d'une belle
« tapisserie de Flandres, ou sont représentés tous les mys-
« tères de la Sainte-Vierge. L'ouvrage, quoique ancien, ne
« laisse pas d'avoir beaucoup d'éclat, et ne servira pas peu
« à l'ornement de notre église... Nous espérions de jour
« en jour faire travailler à un rétable pour notre grand
« autel, mais la crainte où nous sommes de n'avoir pas un
« ouvrage de bon goût, a fait que nous avons passé nos
« trois années à délibérer et à prendre des dessins sans
« nous être encore déterminés à rien » (1).

Elles sortirent pourtant bientôt de cet état d'indécision

« naissances, nous nous bornons à jouir de la douce tranquilité que
« notre retraite nous donne... » Circulaire de 1733.

Cette année 1715, le monastère perdit une jeune religieuse originaire de Lyon, Anne-Dorothée Febvre ; élevée à la visitation de Montluel, elle vint de bonne heure à celui de Saint-Amour, y fit profession
et y mourut d'une fluxion de poitrine à l'âge de 19 ans. Elle fut la
première enterrée dans le nouveau « charnier ».

(1) Circulaire de 1715, pages 1 et 2.

et la circulaire de 1718 nous donne la description du travail accompli : « Le Dieu qui mortifie et vivifie nous donne
« bientôt la consolation de finir le Rétable et le Taber-
« nacle que nous avons fait élever dans notre église ...
« Vous nous sçauriez sans doute mauvais gré si nous ne
« vous donnions icy un léger crayon de cet ouvrage qui a
« eu l'approbation des personnes du meilleur goût.

« L'autel est un tombeau dont la base et la corniche
« sont de marbre de Gênes, blanc et veiné. Le corps du
« tombeau est d'un marbre noir et blanc. Dans le milieu,
« on a ménagé un reliquaire qui paroit dans un enfonce-
« ment formé par un cadre de marbre blanc. Cet autel est
« élevé sur trois marches. La première et la troisième sont
« d'un marbre rouge brun et jaspé ; la seconde avec le
« plafond est d'un marbre noir, de même que le gradin qui
« est relevé par une gorge dorée d'un goût nouveau. Ses
« deux bouts servent de socq à de petits piédestaux où sont
« posés des anges à genoux qui par leur posture courbée
« et toute leur attitude expriment fort bien le respect
« qu'exige la majesté du Dieu qui repose sur nos autels.

« On voit sortir de dessous la corniche de ces piédestaux
« deux courbes de marbre feint faites en consoles et enri-
« chies de festons dorés, qui après s'être repliées sur la
« gorge du gradin s'élèvent pour porter une espèce de
« petit fronton à quatre faces, orné de pendeloques qui
« couronnent le Tabernacle placé au milieu du gradin. Là
« est l'Agneau occis, le Livre et les Sceaux. Sur ce fron-
« ton on aperçoit trois petites figures dont les attitudes
« sont différentes, et qui supportent l'arche d'alliance.
« Elle est d'une forme singulière, recouverte par deux
« têtes de chérubins dont les ailes s'étendent dans une
« gloire. Cet ouvrage, qu'on a voulu rendre plus léger,
« est à jour. Le fonds de l'Arche d'alliance est d'un Lapis
« contre fait ; tous les ornemens qui l'accompagnent sont
« dorés.

« Aux côtés de l'autel sont deux grandes colonnes avec
« leurs piédestaux et leurs socqs qui portent un entable-
« ment de l'ordre composite. Les piédestaux, élevés de
« six pieds, sont de marbre noir et blanc avec des pan-
« neaux de marbre des Pyrénées incarnat et blanc. Les
« colonnes, qui ont 14 piés de hauteur, sont d'un marbre
« jaspé. Les bases et chapitaux sont dorés. Les pilastres
« et les arrière-cors sont de marbre noir et blanc.

« A coté des colonnes, on a ménagé deux portes, l'une
« desquelles conduit à la Sacristie. Leur chambranle est
« de marbre noir et blanc ; ils sont surmontés par des
« culs de lampe ornés de festons sur lesquels on a placé
« deux figures dorées, l'une de Saint-Augustin, l'autre de
« notre Saint-Fondateur. Deux grandes consoles qui ac-
« compagnent le rétable jusqu'à l'entablement garnissent
« le mur qui est derrière les figures de volutes ; de ces
« consoles sortent des guirlandes de fleurs soutenues par
« des anges qui en couronnent nos deux grands patriarches.
« Vis-à-vis de l'entablement, des anges volans placés sans
« symétrie et qui paroissent détachés du corps de l'ouvrage
« descendent pour adorer notre divin Roy sur son trône.

« Le tableau de la visitation est enfermé dans un riche
« quadre et posé sous l'entablement. Dessous est un
« attique composé d'une plinthe de marbre feint et d'une
« grande gorge dorée qui fait retour sur les colonnes. Là,
« on voit deux grands anges tenans des encensoirs à la
« main. Au milieu sont des consoles couchées qui portent
« un vase fait en cuvette et garni de fleurs.

« Tout cet ouvrage est terminé par une architecture en
« perspective qui est faite avec tant d'art qu'elle détache
« entièrement le rétable du mur. Là, le peintre a repré-
« senté, sur des nuages, l'élévation de la Sainte-Vierge
« dans le Ciel. La voûte et les murs du sanctuaire sont
« aussi embellis de peintures enrichies en plusieurs en-
« droits de traits d'or. Ce mélange de peinture, de marbre,

« de dorure, frappe agréablement et contente l'œil quand
« on entre dans notre Eglise.

« La grille du chœur, le communicatoire et surtout la
« chaire du prédicateur soutiennent par leur beauté la
« magnificence du rétable.

« Quoique nous devions beaucoup au pinceau délicat
« du sieur Sarabas, peintre du Roy, et demeurant à Lyon
« et à l'habileté du sieur Masson, architecte, demeurant à
« Tornus, nous devons infiniment plus aux lumières d'une
« personne distinguée et par la supériorité de ses talens
« et par la bonté de son cœur, et par son zèle pour la
« maison de Dieu.

« Son nom, qu'il nous oblige de taire, est gravé pro-
« fondément dans tous nos cœurs. Comme il n'a paru
« sensible qu'à nos prières, je prie votre charité de vou-
« loir bien s'unir à nous pour luy donner cette marque de
« notre éternelle reconnaissance (1).

« Pendant qu'on travailloit à notre rétable, nous avons
« fait orner notre Chœur. Il est parqueté de feuilles à seize
« panneaux. La muraille du fond est garnie d'un lambris
« de noyer de treize pieds de hauteur, sur lequel on a
« élevé un Fronton en cyntre.

« On a pratiqué une tribune vis-à-vis notre grille ; rien
« de plus commode pour nos malades qui pourront y
« aller de plein pied de l'infirmerie pour s'y confesser et
« communier..... Nous aurions fort souhaité pouvoir
« faire encore les autels des deux chapelles dont la nudité
« dépare le sanctuaire... (2) » mais les bonnes religieuses

____

(1) J'ignore de qui il peut s'agir ici et rien n'a pu me mettre sur
la trace de son nom. Peut-être s'agit-il du reste d'un ami ou protec-
teur du monastère étranger à Saint-Amour.

(2) Le tableau de la visitation et les marbres dont il est question dans
cette description sont actuellement dans la chapelle de la Sainte-Vierge
de l'Eglise paroissiale de Saint-Amour, où ils ont été transportés à
l'époque de la suppression du monastère, ainsi que le verrons plus
loin.

ne se trouvaient pas en état de faire cette dépense ; elles devront attendre quelques années encore avant d'en avoir la consolation. Ce devait être l'œuvre de la mère Cécile du Deschaux qui le décrit elle même ainsi dans la circulaire de 1738 : « Les rétables sont d'un dessin particulier, ils « remplissent toute la face des chapelles qui ont vingt « pieds de large et s'élèvent jusqu'aux vitreaux. Le plan « est cintré, les autels sont à tombeau, d'un marbre noir, « les panneaux sont incrustés d'un marbre de brèche « violette, et au milieu un reliquaire rond de cuivre doré ; « les marche-piés sont de pierre de Tournus et leurs pla- « fonds d'un parquet de bois, travaillé très proprement... » Je passe une foule d'autres détails qui n'ont plus pour nous rien de bien intéressant, puisqu'il ne s'agit que de chapelles accessoires de l'Eglise principale et que rien ne subsiste de tout cet ouvrage ; j'arrive à d'autres renseignements qui nous touchent davantage puisqu'ils concernent des tableaux aujourd'hui encore conservés dans la chapelle de la Sainte-Vierge de l'église de Saint-Amour. Celui d'abord de l'autel des âmes du Purgatoire, qui est « une « vierge tenant son Divin enfant, auquel elle présente les « âmes souffrantes, lesquelles sont peintes au bas du ta- « bleau dans les flammes purifiantes; leurs anges tuté- « laires semblent aussi plaider leur cause auprès de la « divine miséricorde d'une part, tandis que de l'autre ils « leur montrent les couronnes qui leur sont destinées ».

Ce tableau encadré de marbre, accompagné d'autres peintures et décorations avait été fait pour répondre aux désirs d'une bienfaitrice du monastère, qui du reste y était morte religieuse peu auparavant, la sœur Rose-Marie Gavain.

« Dans la chapelle de Saint-François-de-Sales, il y est « représenté dans un grand tableau orné de même que « l'autre, son attitude lui fait présenter à ses filles peintes « à ses pieds, un grand livre ouvert, et soutenu par des

« anges, où ces paroles de l'Exode sont écrites : *Hæc sunt*
« *quæ jussit a deo facta est.....* »

« Nous avons encore fait placer dans nos chapelles deux
« riches cadres en sculpture, dorés en sable, dans l'un
« desquels est représenté le miracle de saint Régis, opéré
« en faveur de votre chère sœur Marie-Thérèze Montplai-
« sant, duquel il est fait mention dans l'office de ce
« saint..... » Dans l'autre se trouve une Nativité, en
attendant, ce qu'elles purent faire plus tard, de pouvoir
exposer en public « un autre miracle opéré par l'invoca-
« tion de notre vénérable fondatrice en faveur de notre
« chère sœur Marie-Elisabeth de la Pérouse, les informa-
« tions juridiques en ont été faites, par ordre de la Cour
« romaine ; une jeune dame, une parente, nous a chargé
« d'en faire faire le portrait à ses frais..... » Ce tableau,
dit la circulaire de 1752, leur avait été offert par les religieuses de la Visitation d'Annecy.

De plus, elles firent repeindre, redorer et « gisser » à
nouveau toutes les parties de l'église, du chœur et des chapelles qui avaient beson d'être rafraîchies (1).

La consécration de l'église eut lieu peu après, en 1738,
par Mgr de Navarre, évêque de Sidon, et suffragant de
de Lyon. La cérémonie en fut magnifique et dura six
heures. Tout le clergé de la ville y assistait (2).

La circulaire de 1739 nous donne un long récit de cette
cérémonie.

Mgr Navarre, évêque de Sydon, et supérieur ecclésiastique du monastère de Saint-Amour, tint à venir faire cette
consécration lui-même.

____

(1) Circulaire de 1738, *Passim.* La circulaire parle d'un peintre
de Lyon, le sieur Blangely, qui a peint les autels, du sieur Hugue-
not, qui a fait les décorations, et de l'architecte Reynier, qui a dirigé
les travaux ; elle ne mentionne pas le nom des artistes auteurs des
tableaux qui nous intéressent le plus.

(2) Circulaire de 1771.

Les sœurs se préparèrent à un aussi grand jour par une pieuse retraite, jeûnèrent la veille, et firent la garde nocturne devant les reliques qui devaient être déposées dans le tombeau du maître-autel. Le lendemain, 9 octobre, la cérémonie se fit en présence d'une foule nombreuse de fidèles et de vingt-huit prêtres assistants. « La grande « messe fut chantée en musique et se finit à deux heures « et demi après midi. Monseigneur fit poliment des remer- « ciemens à Messieurs du Chapitre, les invitant d'aller « chanter vêpres à leur paroisse que pour lui il alloit se « retirer dans sa chambre..... Sur les cinq heures du « soir, il fit servir l'unique repas qu'il devoit prendre en « ce jour ; tous Messieurs les officiants du sacre s'y trou- « vèrent et ne s'acquittèrent pas moins bien de leurs de- « voirs. Sa Grandeur ordonna qu'on fit reposer la commu- « nauté le lendemain matin (1) ».

Tous les ans les sœurs faisaient le 12 octobre l'anniversaire de la consécration de leur église (c'est-à-dire le dimanche dans l'Octave de cette consécration); elles avaient, ce jour-là, l'exposition du Saint-Sacrement et un sermon (2).

(1) Circulaire de 1739.

(2) Circulaire de 1739. Celle de 1732 nous donne quelques renseignements utiles sur les dimensions et l'ornementation générales de l'édifice :

« Dans le sanctuaire sont deux grilles, faites en cintre, l'une réelle, « l'autre peinte...... ; toute la nef est garnie d'un boisage haut de « 13 pieds, y compris le séant ; les panneaux sont séparés par des « pilastres ornés d'ouvrages en sculpture..... ;une tapisserie de haute « lice, où sont représentés les principaux mystères de la Vierge, rem- « plit tout le tour de l'Eglise, au-dessus du boisage, sur lequel est un beau vernis...

« Cette église contient tant dans sa nef que dans le chœur et le « frontispice 77 pieds dans œuvre en longueur et 24 pieds en largeur. « Les deux chapelles qui sont en bas du chœur ont 20 pieds de lar- « geur et 12 de profondeur. Tout le bâtiment de ladite Eglise, est « distingué au dedans par 12 piliers, ornés de leurs chapitaux, qui « soutiennent une corniche de pierres blanches de l'ordre dorique, « qui règne dans l'Eglise et dans les chapelles. Au-dessus sont neuf « grands vitraux. »

Pour subvenir à tant de dépenses, le monastère avait eu recours à la charité de ses bienfaiteurs. On rapporte en particulier un don de 800 livres fait dans ce but par Madame de Moisia, pensionnaire de la maison (1). Les religieuses s'imposèrent aussi des sacrifices ; elles y employèrent « les petits dons charitables » qu'elles avaient reçu et « le prix de la vente de quelques petits joyaux de « nos sœurs novices (2) ».

En même temps, les supérieures qui se succédèrent à cette époque étendirent leurs soins aux autres bâtiments de la maison ; elles ont fait faire : une salle de travail bien éclairée, une basse-cour, un pigeonnier à trois étages, « établissements incontestablement nécessaires et dont elles commencent déjà à sentir l'utilité » ; une chambre d'apothicaire près du laboratoire, « l'ancien cabinet où l'on tenoit les drogues étant plus propre pour des nids à rats que pour l'usage de la pharmacie ». (3).

Mais ce qui leur fit le plus de plaisir, et ce qu'elles s'appliquèrent le mieux à utiliser, ce fut une source de bonne eau « par rapport à la conservation même de nos sœurs ; « nous avons la consolation de nous voir dédommagées de « toutes les peines que nous avons essuyées pour y réussir, « par le plaisir de les voir en meilleure santé (4).

Malgré tout l'état du monastère restait précaire. A plusieurs reprises les supérieures s'en plaignent. C'était le temps des essais financiers de Law ; la banqueroute de sa banque jeta la perturbation dans la fortune publique et le contre-coup s'en fit ressentir jusqu'au fond de notre lointaine province : « ..... le dérangement de notre temporel « par l'inondation des billets de la banque qui ont puni « tout le Royaume d'un peu de confiance qu'ils avoient

(1) Circulaire de 1762.
(2) Circulaire de 1738.
(3) Circulaire de 1738.
(4) Circulaire de 1738.

« surprise. Ce commerce suspect, mais forcé, ne nous laissa
« bientôt pour tout fonds, qu'un papier stérile..... Les
« billets de banque nous avoient mises à bas ; notre com-
« munauté ne pouvait subsister que par le gain de ses
« ouvrages ». (1).

La communauté se composait en 1718 de 49 professes
du voile noir, 8 du blanc, 1 sœur du petit habit, 1 prétendante, 3 sœurs tourières, 1 fille pour le rang des sœurs
domestiques et 6 pensionnaires. Elle avait perdu dans les
six années précédentes 4 sœurs du voile noir, 1 tourière
et 1 pensionnaire (2). Deux de ces sœurs nous sont con-
nues par l'*Abrégé de leur vie et vertus*, qui accompagne les
circulaires de 1718 et 1719 : la sœur Marie-Jacqueline de
Champollon, d'une ancienne noblesse du Bugey et la sœur
Marie Nouveau, originaire de Salins.

En 1715, fut réélue la mère Françoise-Ursule Duport.
C'est sous son administration que se place un événement
dont nous n'avons pu, malgré de patientes recherches, pé-
nétrer le secret, et que nous rapportons à titre d'indication
en souhaitant pour nous ou pour un autre quelque heureux
hasard qui nous donne la clef de ce mystère.

Par une lettre de cachet du 25 décembre 1715, Madame
la marquise d'Antigny fût arrêtée et conduite au monastère de la Visitation de Saint-Amour, par le sieur de la
Thibaudière, *ayde major de Lyon* ; elle devait y rester une
année et de là être conduite au monastère de la Visitation
de Besançon, par le sieur Farque, *lieutenant de cavalerie
réformé*, en vertu d'une autre lettre de cachet du 19 août
1716.

Voici du reste la lettre de l'archevêque de Lyon à la supérieure du monastère de Saint-Amour à ce sujet :

« Suivant les ordres de la cour, Madame, je vous en-

(1) Circulaire de 1774, page 21.
(2) Circulaire de 1718.

« voye Madame d'Antigny ; recevez là et exécutez ce que
« vous trouverez porté par la lettre de cachet. Je souhaite
« qu'elle soit traittée avec toute la politesse qui est deue
« à une dame de son rang et de son nom ; mais ne souffrez
« pas qu'elle voye personne dont vous ne puissiez me
« rendre compte et empêchez qu'elle ne reçoive aucunes
« lettres et qu'elle n'en écrive sans qu'elles passent aupa-
« ravant par vos mains et quand vous les aurez, vous me
« les enverrez. Je régleray sa pension et celle de sa femme
« de chambre et le tout passera par mon canal. Informez
« moy de tout ce qui arrivera à sa réception chez vous.
  « **Je** suis Madame, avec estime, votre très humble et
« obéissant serviteur,

L'archevêque de Lyon. »

  « A Lyon, ce 22 octobre 1715. »

Peut-être y a-t-il simplement là-dessous une question de
religion. Le Jansénisme commençait d'inquiéter les pou-
voirs publics et d'être réprimé par eux. Les religieuses de
Saint-Amour, dans leur retraite, s'en émurent. » Nous
« sommes infiniment sensibles, disent-elles (1), aux trou-
« bles qui agitent la Sainte Eglise et nous ne cessons d'a-
« dresser nos vœux à son céleste époux pour le supplier
« de se hâter de lui faire ressentir les effets de sa puissance
« absolue..... Nous sommes et nous serons toujours
« inviolablement attachées à la Chaire de saint Pierre et
« parfaitement soumises aux décisions de notre Saint-Père
« le Pape. Par la grâce de Dieu, loin d'avoir quelque part
« aux nouveautés, que nous voyons avec douleur faire tant
« de progrès, la plus part d'entre nous ignorent de quoi
« il s'agit, notre parti étant, sur ce point, de prier et de
« garder le silence. »
D'autre part, en 1735, nous verrons le monastère de

____

(1) Circulaire de 1719.

Saint-Amour être encore une fois choisi comme lieu de détention ou de retraite forcée pour une religieuse tombée dans des erreurs concernant la foi.

Il fut encore à peu de distance le théâtre de deux faits merveilleux qui ont marqué dans ses annales et dont le souvenir, ainsi que nous avons eu l'occasion de le dire un peu plus haut, a été perpétué par deux tableaux que nous avons gardés : le miracle de Saint-François Régis et celui de Sainte-Jeanne de Chantal.

« Le Seigneur toujours admirable dans ses saints a ma-
« nifesté la puissante intercession du bienheureux Jean-
« François Régis, de la Compagnie de Jésus, en faveur de
« notre chère sœur Marie-Thérèse de Montplaisant, nièce
« de notre très honorée mère; elle étoit atteinte depuis
« quatre année d'une fièvre quotidienne à laquelle s'étoit
« jointe une tumeur au ventre si douloureuse, qu'on ne
« pouvoit la toucher sans la faire souffrir cruellement... »;
tous les remèdes étant essayés, le médecin déclara qu'il
désespérait de la guérison, « il dit à monsieur notre con-
« fesseur qu'il ne croyait pas qu'elle passeroit la nuit
« (5 juin 1718) et qu'il ne la quittât, crainte qu'il n'y eut
« pas du temps pour lui donner les saintes huiles. »

Les douleurs de tête redoublèrent à un tel point que la malade ne pouvait souffrir même la lumière *d'une chandelle* « et qu'une sœur étoit obligée de lui presser presque continuellement la tête, pour tempérer tant soit peu la violence de son mal. »

La supérieure suggéra alors à la malade de recourir à l'intercession de quelque saint de sa dévotion.

« Un moment après, se trouvant seule elle eut le mou-
« vement de recourir au bienheureux Régis, dont l'image
« étoit attachée à son lit et tirant des forces de sa foiblesse,
« elle se mit en devoir de la prendre, mais en vain, car
« elle retomba sur son lit, ne pouvant soutenir sa tête.
« Elle se reprocha son peu de courage, et par un second

« effort, détacha enfin l'image et se voua avec tant de foy
« à ce bienheureux qu'au même instant elle fut parfaite-
« ment guérie..... Elle marcha sans appui, immédia-
« tement après, pour aller à la bénédiction du Très-Saint-
« Sacrement et dès ce temps-là elle n'a eu aucun ressenti-
« ment de la fièvre qui l'accabloit depuis quatre années ;
« la tumeur qu'elle avoit fût de même dissipée » (1).

Ce fait fût canoniquement constaté par M. Collod, curé
de la ville « et d'un mérite distingué », commis à cet effet
par l'archevêque de Lyon, et la relation en fût envoyée à
Rome pour servir au procès de canonisation du bienheureux
François Régis (2).

Ce bienheureux était du reste honoré particulièrement
au monastère de Saint-Amour. Peu auparavant, la sœur
Françoise-Rosalie Bernard avait été guérie, après une neuvaine en son honneur, d'une extinction de voix, causée par
des « oppressions de poitrine » et rebelle à tous les remèdes ordinaires (3).

La vénérable Jeanne-Françoise Frémiot de Chantal, fondatrice de la Visitation et qui avait eu des bontés particulières pour le monastère naissant de Saint-Amour, lui
témoigna aussi peu de temps après de sa constante solli-
citude plus forte que la mort.

Depuis fort longtemps, la sœur Marie-Elisabeth Dronier
de la Pérouse, issue d'une noble famille de Saint-Claude,
souffrait des maux violents et continuels qui s'aggravèrent
beaucoup vers la fin de l'année 1722. Elle était travaillée

(1) Circulaire de 1719.
(2) Circulaire de 1719.
(3) Saint-François Régis, jésuite, né en 1595 à Font-Couverte,
(Aude) ; mort en 1640 à La Louvesc (Ardèche) ; se consacra à l'œuvre
des missions, montra une charité et une patience admirables dans ses
travaux et convertit un grand nombre de Calvinistes. Il a été canonisé
en 1737 par Clément XII ; sa fête se célèbre le 16 juin de chaque
année.

« des fièvres doubles tierces qu'elle gardoit des trois mois
« de suite, des dysenteries fréquentes, des insomnies pé-
« nibles, des dégouts mortels pour toute espèce de nourri-
« ture, des vomissements journaliers, etc... » ; elle fut
enfin obligée de s'arrêter dans le mois de mai 1723 ; elle
perdit alors entièrement l'usage de la parole, ne put se soutenir debout, demeura percluse ; un sujet de pitié pour
tous ceux qui l'approchaient.

Enfin, « la malade eut le mouvement de recourir aux
« intercessions de la vénérable mère Jeanne-Françoise
« Frémiot de Chantal, notre fondatrice ; elle écrivit à feue
« notre très honorée mère Jeanne-Charlotte Duport, qu'elle
« désiroit faire une neuvaine à cette grande servante de
« Dieu, et la pria de permettre que la Communauté la
« fit se joignant à elle, ce que nous fimes ; les huit pre-
« miers jours son mal s'augmentoit beaucoup, le neu-
« vième jour, qui se trouva le treizième décembre 1723,
« la malade communia le matin dans son lit, comme à son
« ordinaire ; à huit heures du même jour, elle écrivit à
« l'infirmière d'aller prier la Supérieure de la venir bénir
« avec les Reliques de la mère de Chantal et fit signe qu'on
« la laissa seule ; sa foi et sa confiance aux intercessions
« de notre vénérable mère de Chantal lui méritèrent ce
« que les secours humains n'avoient pu lui procurer ; pen-
« dant la messe de Communauté, un tremblement extraor-
« dinaire l'a saisi ; comme elle avoit les mains libres, elle
« prit alors de l'eau où trampoient des reliques de notre
« digne Fondatrice que l'on avoit mise proche d'elle ; au
« moment même elle se trouva parfaitement guérie, re-
« couvra la parole, se mit à genoux pour remercier Dieu
« et sa bienfaitrice, dont elle tenoit l'image entre ses
« mains, se leva, s'habilla seule, marcha d'un pas ferme,
« vint au chœur sans l'aide de personne au dernier évan-
« gile de la messe et assista à Nones à genoux... »

« Le procès-verbal de cette guérison miraculeuse fut

« dressé l'année ensuite, 1724, par ordre de Monseigneur
« de Villeroy, archevêque de Lion. Ce fait fut trouvé si
« digne de faire honneur à la mère de Chantal, qu'il fut
« ordonné à Rome de nouveau d'en faire un procès juri-
« dique d'autorité apostolique, ce qui fut exécuté en
« 1730 » (1).

Lors de la première constatation du miracle, la supérieure et les religieuses avaient dû se transporter à Lyon
pour les informations canoniques ; quand il fut question
d'une seconde enquête, la mère Marie-Eugénie de Meximieux, qui avait remplacé la mère Duport, ne voulut pas
consentir à ce qu'elle croyait « une infraction à leur aimable clôture » ; elle s'adressa aux sœurs d'Annecy et par
leur crédit obtint que la Commission spéciale vînt à Saint-
Amour pour les informations nécessaires. Cette commission
se composait de « Messieurs Navarre, vicaire général,
« Tévenet, sacristain de la Martinière, de la Tour, Favre,
« chanoine de l'Eglise collégiale de St-Nizier, de Lyon, et
« M. le curé de la paroisse Saint-Vincent de la même ville ;
« pendant dix jours ils travaillèrent à recevoir les diffé-
« rentes dépositions » (2).

La même religieuse, sœur M. E Dronier de la Pérouse,
fut une fois encore guérie par la même intervention de la
bienheureuse de Chantal, quelques années après le premier
miracle. La circulaire de 1733 donne à cet égard des détails très circonstanciés, mais n'indique pas qu'on ait donné
une suite juridique à la constatation de ce fait.

Une autre dévotion aussi était en faveur dans le monastère de Saint-Amour, comme dans tous les monastères de

---

(1) Une autre relation du même miracle dit « Qu'elle vint au chœur,
« de ses pieds, et sans aide de personne ; à l'heure du repas, elle vint
« au réfectoire et y mangea la portion commune sans être incommo-
« dée ; le médecin ne put s'empêcher d'avouer que cette guérison lui
« paroissoit évidemment miraculeuse... » Circulaire de 1725.

(2) Circulaire de 1733.

la Visitation ; nous voulons parler de celle du Sacré Cœur
de Jésus. Son histoire n'est plus à faire et nous n'en retien-
drons que ce qu'elle peut avoir de particulier à notre sujet.

La fête du Sacré Cœur fut célébrée pour la première fois
à Saint-Amour, d'une manière solennelle, en 1718. « Il
« nous seroit difficile de vous expliquer la joye singulière
« que nous avons ressentie à la réception du mandement
« de Monseigneur de Villeroy, notre archevêque, pour la
« publication de la fête du Sacré-Cœur de Jésus, avec per-
« mission d'exposer la Saint-Sacrement dans toutes les
« communautés des religieuses de son diocèse. Il ordonne
« que le peuple entende la messe ce jour là, et il exhorte
« les fidèles par des paroles toutes de feu, à rendre leurs
« hommages à ce divin Cœur. Sa confrairie en étoit érigée
« dans notre église depuis quelques années ; un grand
« nombre de personnes continuent de s'y faire inscrire et
« nous voyons avec consolation les progrès de cette dévo-
« tion ; une personne de piété a fondé une grand'messe
« dans notre église pour le jour qu'on célèbre la solennité
« de la fête de ce Sacré Cœur » (1).

La mère d'une religieuse qui devait devenir la supérieure
du monastère peu d'années après fit aussi une fondation
dont voici la teneur :

« Je soussignée meue de déuotion anver Jésus Christ
« mon saueur caché sous les espèces du S. Sacrement
« souhaytant de contribuer an quelques choses pour le
« fère adorer et pour satisfaire et reposer les mépris et
« mauvais traitemens qu'il resoit dan le sacrement d'amour
« donne de bon cœur aux religieuses de la Visitation de
« Sainte-Marie de Saint-Amour la somme de cinq cent
« livres pour du reuenu de laditte sommes que je fixe à
« uingt cinq livres pour chaque année et que je souhayte
« être continué sur ce pié là san con puisse la racheté
« qu'après la mort de ma fille Marie Eugénie de Meximieux

(1) Circulaire de 1731.

« religieuse audy monastaire afin que du dit reuenu on
« dise à perpétuité dan l'église des dittes dames religieuses
« une messe basse an l'honneur du Sacré Cœur de Jésus
« tout les premier uendredy de chaque mois de l'année
« et qu'après laditte messe soit donné la bénédiction du
« S. Sacrement les dames religieuses chante le *Pange lin-*
« *gua* et l'antienne qu'elles on coutume de chanter après
« laditte hymne. Je prie mon fils d'exécuter exactement
« mes uolontés à ce sujet soitan de bon cœur qu'il ait
« part au mérite de cette bonne œuure et qu'elle soit
« appliqué pour le repos de mon âme et celle de fut mon
« mary. Fest à Saint-Amour ce sept juin mil sept cent
« uingt.

« DE LASALLE MEXIMIEUX DE BAGLION » (1).

En 1745 enfin, dans une circonstance particulière, la ville
de Saint-Amour fut spécialement vouée au Sacré-Cœur :

« Le fléau de la mortalité du bétail, allumé dans pres-
« que tout le royaume et aux portes de Saint Amour » les
mit « au moment d'essuyer des pertes considérables ». Les
religieuses firent vœu de réciter tous les jours un chapelet
devant l'image de Notre-Dame d'Onoz, et elles furent pré-
servées du fléau.

La ville aussi, qui craignait d'être atteinte, recourut à la
protection du ciel. « M. le Maire et tout le magistrat se
« porte d'affection à vouer la ville de Saint-Amour au
« Cœur de Jésus. Ces messieurs s'unirent tous par une
« délibération qu'ils signèrent et nous envoyèrent un
« double pour faire une neuvaine de messes et de proces-
« sions à l'honneur du Cœur de Jésus dans notre église,
« où il y a une chapelle où le Cœur de Jésus est en relief
« dans une gloire dont les ornemens sont en dorure et en
« sculpture dans un grand goût ».

(1) Archives départementales. Fonds de la visitation de Saint-
Amour; cote 260. Voir aussi la circulaire de 1738, page 9.

Tous les jours de la Neuvaine, la procession partait de la grande église en chantant le *Miserere,* le premier et le dernier, on apporta « les reliques de Saint-Amour et de « Saint-Viatour qui sont dans une belle châsse dorée...l'on « ouvrit la châsse et nous eûmes la consolation de baiser les précieux ossements de ces deux saints martyrs ». Saint-Amour fut entièrement préservé du fléau (1).

Pour en finir avec les dévotions particulières dont leur église était le sanctuaire choisi, mentionnons encore le culte du Saint-Rosaire. On vénérait à Onoz une copie d'une image miraculeuse de la Vierge Marie, apportée là par le P. Arsène Odoardi, religieux italien qui vint y mourir. Les sœurs avaient obtenu une copie de cette image par l'inter-médiaire de M. Guyot, curé d'Onoz, « extrêmement digne « de foi, qui ne donne point dans le vulgaire et qui a été « témoin nombre d'années de la vertu consommée du saint « religieux » (2).

Les sœurs avaient une grande confiance en N. D. d'Onoz, et l'avaient fait partager par les habitants de Saint-Amour.

« Nous voyons avec admiration toutes les dames et les « demoiselles de la ville s'assembler tous les dimanches « dans notre église pour y dire tout haut le Rosaire, après « lequel Monsieur le Curé monte en chaire pour y faire « une Oraison très dévote, à laquelle nous sommes fort « empressées d'assister... » (3).

Nous n'avons plus ensuite de renseignements intéressants sur la vie du monastère jusqu'en 1731, année où elles perdirent M. Collod, leur bon et pieux confesseur. Il avait, depuis 1691, remplacé en cette qualité M. Colombet, offi-ciel de l'archevêque de Lyon, d'une famille bien connue, « il joignait à une profonde doctrine, un rare discerne-

(1) Circulaire de 1756.
(2) Circulaire de 1740.
(3) Circulaire de 1745.

« ment des esprits (1). » M. Collod était doyen de l'église
collégiale de Saint-Amour et, disent les sœurs, « digne
« d'être préféré entre dix mille... ; la pureté de sa foi le
« mit hors d'atteinte du plus léger soupçon sur les déci-
« sions de Notre Saint Père le Pape... » (2). En toutes
circonstances, les religieuses se louent de ses bons services
et vantent son esprit, son cœur et sa vertu.

Il fut remplacé par M. Paget, chanoine de la Collégiale
de Saint-Amour, qui eut une triste fin :

« Trois jours avant sa mort, Messieurs les médecins ju-
« gèrent qu'un mouvement violent lui étoit nécessaire
« pour ébranler les humeurs ; ils ordonnèrent qu'on le
« mit dans un carosse au moment qu'ils lui faisoient aval-
« ler des bales de plomb ; presque toute la ville s'assembla
« pour voir cet homme mourant ; un prêtre se tenoit prêt
« et muni des Saintes Huiles pour les lui administrer en
« cas d'accident... ; il monta de lui-même dans l'équipage
« dont le mouvement n'eut pas plus de succès que les
« autres remèdes qui furent tentés inutilement... » (3) Il
mourut le 14 juillet 1744.

Après lui vinrent MM. Merle, chanoine, en 1760, Conche
et Favier, tandis que MM. Bompart et Bernardin, puis les
religieux capucins du couvent de Saint Amour étaient con-
fesseurs extraordinaires (4).

La sœur Jeanne Charlotte Duport étant morte le 21 septembre 1724, dans l'exercice de sa charge, sa sœur Françoise Ursule Duport, déjà supérieure en 1700, 1703, 1712
et 1715 fut élue pour la remplacer ; elle demeura dans cette
place pendant trois ans d'abord et fut réélue en 1727 pour la
durée d'un second triennal qu'elle ne devait point terminer
puisqu'elle fut surprise elle-même par la mort en 1729.

(1) Ciaculaire de 1725.
(2) Circulaire de 1719. Voir aussi celle de 1715.
(3) Circulaires de 1733 et de 1745.
(4) Circulaires de 1760, 1762, 1774, 1777, 1781, etc.

Marie-Eugénie de Meximieux fut choisie pour lui succéder (1). Née en 1695, elle était fille du marquis de Meximieux-Mongeffond, dont le frère Dom de Mongeffond, général des Chartreux, si célèbre dans son ordre, est mort à Grenoble en odeur de sainteté. Sa mère était de la maison des comtes de Baglion de la Sale et sœur de ce saint évêque de Mende qui se distingua par un dévouement héroïque pour les malades alors que la peste désolait son diocèse.

Mademoiselle de Meximieux fut placée à l'âge de cinq ans, pour y faire son éducation, au monastère de la Visitation de Belley ; sa grand'tante, Louise-Françoise de Mongeffond, en avait été jadis supérieure et avait mérité, dans cette charge, les éloges de Madame de Chantal ; deux de ses tantes y avaient rempli le même emploi et s'y trouvaient encore. Elle n'y passa que trois ans, puis, quelque temps après, fut envoyée au pensionnat du Couvent de Saint-Amour que gouvernait alors la mère Jeanne-Charlotte Duport. C'était en 1706 et le 18 décembre ; les sœurs du monastère de Saint-Amour ont conservé religieusement le souvenir de cette date : « Ce jour, disent-elles, doit être « mis au rang des heureux et des signalés pour nous, jour « où Dieu nous donna en sa personne toutes les espérances « qu'elle a si bien remplies dans la suite... Cette jeune « plante, arrosée des eaux de la grâce, croissoit à l'ombre « du sanctuaire, et poussoit des branches qui devoient un « jour couvrir l'arche sainte... A l'âge de quinze ans elle « eut le bonheur de recevoir le saint habit... La noblesse « du pais, que cette cérémonie attira à Saint-Amour, ad-« mira le courage d'une jeune personne qui sacrifioit avec « joie les plus flatteuses espérances et dont la fermeté n'étoit « point ébranlée ni par les adieux les plus tendres, ni par « les larmes d'une mère accablée de douleur. » Dans le

____

(1) Pour tout ce qui concerne Marie-Eugénie de Meximieux, voir la *lettre circulaire* du 24 juin 1771, à laquelle nous faisons de larges emprunts.

noviciat, un des mieux composés qui ait jamais été..., « elle
« se fit promptement remarquer et mérita, après un an
« d'épreuve, les suffrages de toute la communauté qui dé-
« siroit avec impatience de s'assurer la possession d'un si
« grand sujet, avec la consolation qu'on se promet de tant
« de talents réunis et fixés à la vertu. La victime parut au
« pied de l'autel avec cette sainte allégresse qui donne du
« prix au sacrifice et qui fixe les complaisances du Dieu
« jaloux. Madame la marquise de Meximieux fit tous ses
« efforts pour s'élever au-dessus des sentiments de la nature
« par la vertu de la grâce et, toutefois, elle ne put s'em-
« pêcher de dire que Dieu exigeoit plus d'elle que d'Abra-
« ham, puisqu'il s'étoit contenté de la préparation du cœur
« de ce patriarche, et qu'il exigeoit d'elle la consommation
« du sacrifice le plus rigoureux.

« Cette illustre Dame, déférant aux instances de sa fille, elle
« employa la pension viagère qu'elle lui destinoit, à fonder
« à perpétuité la Bénédiction du très saint Sacrement pour
« les premiers vendredis du mois à l'honneur du sacré-
« cœur de Jésus : fondation qui est toujours exactement
« remplie ».

Marie-Eugénie de Meximieux fut successivement maî-
tresse des pensionnaires et économe avant d'être choisie
comme supérieure. Comme économe elle donna la mesure
de son habileté. La communauté « réduite aux dernières
« extrémités par le système des billets de banque, avoit
« besoin d'une ressource extraordinaire pous se soutenir
« et se relever : elle le trouva dans la sagacité, la prudence
« et les travaux de notre très honorée sœur Marie-Eugénie.
« La maison vit bientôt ses espérances réalisées avec usure
« on ne s'apperçut plus de la disette qu'on avoit souf-
« ferte..... ; on eut cru que le peu de bien qui nous restoit
« se multipliait entre ses mains » (1).

(1) Circulaire de 1770.

Dès son élection à la première charge de la maison, elle se mit à l'œuvre que sans doute elle rêvait depuis long-temps : l'agrandissement des bâtiments devenus trop étroits ; ce fût là le souci constant des vingt-quatre années qu'elle occupa, en quatre fois différentes, la supériorité. La sœur du Deschaux et la sœur Dronier du Villars, qui la suppléèrent dans ses triennaux, ne firent que continuer la réalisation de ses projets. On peut dire en toute vérité qu'elle a été la supérieure par excellence du monastère de Saint-Amour qui a atteint, sous son habile direction, la pléni-tude de sa prospérité.

C'est elle qui fit construire ces vastes bâtiments aujour-d'hui morcelés, divisés à l'infini et qui font deux rues en-tières de la ville de Saint-Amour, fournissant des logements à plus de cinquante familles. Elle soutint pour cela de nom-breux procès dont les minutes, sans intérêt aujourd'hui, remplissent encore plusieurs cartons aux archives dépar-tementales. Elle fit aboutir envers et malgré tout le double projet d'agrandir le clos de la Visitation et de trouver une fontaine qui fournît abondamment au monastère l'eau potable dont il avait besoin.

La première de ces affaires fût la plus difficile. Le Magis-trat de Saint-Amour et le Comte de Saint-Amour y étaient également opposés : ces acquisitions, nous l'avons dit déjà, faisaient passer aux conditions de biens de main-morte, c'est-à-dire affranchissaient des charges communes des fonds qui y contribuaient jusqu'alors, ce qui augmentait d'autant la part contributive des autres.

Les Visitandines firent valoir toutes les raisons possibles et finirent par l'emporter. Nous n'avons plus leur requête au roi à ce sujet, mais nous possédons encore le rapport approbatif du Parlement de Besançon ; en voici les prin-cipaux passages :

« Nous, avocats et procureurs généraux soussignés, après « avoir examiné la requête présentée au Roy par les reli-

« gieuses de la Visitation de Saint-Amour pour obtenir la
« permission d'acquérir un emplacement de 4 journaux
« attenant leur maison, après avoir vérifié les motifs sur
« lesquels cette demande est fondée, nous pensons que les
« circonstances les plus favorables se réunissent pour dé-
« terminer sa Majesté à lever les obstacles qui s'opposent à
« l'exécution de ce projet.

« Quelques rigoureuses que soient les loix qui pronon-
« cent l'incapacité des gens de main-morte pour acquérir,
« elles cèdent quelquefois à des motifs de nécessité, lors-
« qu'il est question de soutenir des établissements d'une
« utilité reconnue ; communément les monastères ne sont
« pas de ce genre, mais sans égard à ce préjugé général, le
« monastère de la Visitation de Saint-Amour, mérite par
« des considérations particulières toute la faveur que l'on
« doit aux établissements les plus utiles au public.

« C'est la seule maison religieuse du diocèse de St-Claude,
« où l'on reçoive des pensionnaires, l'éducation des jeunes
« personnes du sexe fait une partie de leurs occupations :
« c'est un soulagement considérable pour la famille de ce
« diocèse qui ne peuvent vacquer à ce soin, de trouver une
« retraite où l'on cultive en quelque sorte sous leurs yeux,
« l'éducation de ce qui leur est le plus cher ; s'il falloit re-
« courir à des monastères étrangers, le défaut de confiance
« décourageroit souvent les familles, ou même la trop
« grande dépense leur rendroit cette éducation onéreuse et
« impossible ; il est de l'intérêt public de soutenir un éta-
« blissement qui procure des avantages aussy sensibles et
« de remédier aux incommodités auxquelles il est exposé.

« Les religieuses de ce monastère n'avancent rien que
« de vray lorsqu'elles assurent que l'air malsain de la ville
« de Saint-Amour et l'emplacement de leur maison plus
« dangereux encore, les exposent à des maladies fréquentes
« et inévitables : le peu d'étendue de la clôture de leur
« maison, paroit une des causes particulières du mauvais

« air qu'elles y respirent. Nous n'avons rien appris qui ne
« confirment la vérité des attestations qu'elles en ont pro-
« duit ; l'acquisition qu'elles proposent pour remédier à
« cet inconvénient, n'est point de la même nature que ces
« vains projets que nous voyons souvent naître de la seule
« convenance ou de l'étude immodérée de s'agrandir et
« que nous censurons avec la plus grande sévérité. Les
« motifs légitimes et favorables qui se présentent icy nous
« paraissent suffisants pour déroger aux loix prohibitives
« sans blesser les vues qui les dirigent..... » (1).

L'administration municipale céda à son tour, moyennant
des conditions énumérées dans l'acte suivant :

« L'an mil sept cent cinquante-six et le 20 du mois de
« septembre, Mesdames les religieuses de la Visitation de
« cette ville ayant fait proposer aux Magistrats que leur
« jardin et verger étoient trop peu étendus et ne suffisent
« pas pour prendre l'air dans le temps des récréations à
« une communauté aussi considérable que la leur, ce qui
« influe beaucoup sur leur santé ; et demandant pour y re-
« médier qu'il leur soit permis d'achepter deux journaux
« de terre à matin de leur clôture et au delà du chemin
« pour les faire clore, et où elles iront par le moyen d'un
« souterrain qu'elles feront sous le chemin (2).

« A cette proposition, le magistrat voulant traiter favo-
« rablement les dittes dames religieuses consentant sous le
« bon plaisir du roy qu'elles acheptent les deux journaux
« de terre dont est parlé cy dessus pour les clore et y en-
« trer de la manière qu'il est dit, mais comme il convient
« que cette ville soit dédomagée, puisque les dits deux
« journaux de terre ne rentreront plus dans le commerce,
« le dit magistrat ne donne son consentement qu'à condi-

(1) Archives départementales. Pièce du 19 avril 1857, non cotée.
(2) Les religieuses firent le passage, non pas sous le chemin, en forme
de souterrain, mais par dessus en forme de pont couvert et clos sur les
côtés, pont qui subsiste encore aujourd'hui.

« que les dittes dames payeront à cette ville la somme de
« quatre cent livres entre les mains du receveur et donne-
« ront encore un drapeau en taffetas d'Angleterre avant de
« commencer aucune clôture, et dans le cas où les dittes
« dames désirassent achepter un ou deux journaux de plus
« en suivant du même côté, le magistrat y donne encore
« son consentement moyennant le payement à faire à
« cette ville de quatre cent livres et de deux sacs de
« petits grains, ainsy signé sur le livre des délibérations :
« de Dompsure, Paget, de Dananche, Coste, Faisand, Merle,
« Brossette, Conche et Chatelard, secrétaire (1). »

Le Parlement de Besançon sanctionne le tout moyennant
cette réserve : « Nous avons crû seullement devoir exiger
« préliminairement des religieuses l'accomplissement d'une
« condition essentielle qui consiste dans le consentement
« du Seigneur de Saint-Amour. L'article de la déclaration
« soumet les gens de main-morte à cette formalité : Nous
« avons invité le monastère de la Visitation à faire les
« diligences nécessaires pour remplir cette condition qu'il
« avoit omise et nous en avons les assurances qui lui ont
« été données par le comte de la Baume, seigneur de
« Saint-Amour, dans une lettre que nous joignons à cet
« avis ». (2)

Toutes les formalités indispensables furent terminées au
mois de septembre 1757, et les religieuses entrèrent en
jouissance de ce vaste terrain encore maintenant entouré de
murs et connu sous le nom de clos de la Visitation.

L'affaire dite du Puits de la Visitation, bien qu'entreprise par la mère de Meximieux se termina sous le gouvernement de la mère du Deschaux qui la remplaça pendant
trois ans, de 1736 à 1739 à la tête de la maison. Cela n'alla
pas sans beaucoup de difficultés :

(1) Arch. départ., pièce non cotée.
(2) Arch. départ., pièce non cotée.

« Le maître fontenier assuroit chaque jour d'être au
« moment de découvrir la source….. mais quand on avoit
« creusé bien profond, la terre s'ébouloit….. ; c'étoit tou-
« jours à recommencer. Lorsqu'on fut enfin parvenu à
« creuser à soixante pieds de profondeur sans trouver de
« l'eau, les ouvriers perdirent courage…… ; enfin…
« dans le temps qu'on s'y attendoit le moins, la source
« d'eau fut découverte à quatre-vingt-trois pieds….. ;
« quelque sécheresse qu'il y ait, les sept pieds d'eau ne
« manquent jamais.. ».. » (1).

En 1733, la mère de Meximieux eut à s'occuper d'une
affaire semblable sans doute à celle dont avait été chargée
la mère Duport en 1715 : la garde d'une janséniste, en
vertu d'une lettre de cachet.

Il s'agissait cette fois d'une religieuse : la sœur de Bardonnenche, religieuse bénédictine du couvent de Sainte-
Cécile, à Grenoble.

Au commencement de juillet 1733, elle reçut, en effet,
et la personne en question et la lettre suivante :

« De par le roy,
« Chère et bien amée nous vous mandons et vous ordon-
« nons de recevoir dans votre maison la sœur de Jésus de
« Bardonnenche religieuse de la communauté de Saint-
« Benoist de la ville de Lyon, et de l'y retenir jusqu'à
« nouvel ordre de notre part moyennant la pension qui
« vous sera payée par lad. communauté de Saint-Benoist
« sy ny faites faute car tel est notre bon plaisir. Donné à
« Compiègne le vingt-cinq juin mil sept cent trente-trois.

« LOUIS ».

« CHAUVELIN ».

L'Archevêque de Lyon dont dépendait cette religieuse
écrit à la supérieure du monastère la lettre explicative qui
suit :

____
(1) Circulaire de 1754.

« A Lyon ce 8 juillet 1733.

« Le roy a jugé à propos, Madame, d'envoier dans votre
« communauté une des religieuses de celle de Saint Benoit ;
« et comme c'est pour fait de religion et de doctrine,
« vous veillerés à ce qu'elle ne gâte rien dans votre mo-
« nastère ; c'est pourquoi vous défendrés de ma part à
« toutes vos religieuses sous peine de désobéissance, de ne
« lui point parler en particulier à aucunes pensionnaires
« ny domestiques, ny avoir une communication quelle
« qu'elle puisse être, excepté pendant le tems de la récréa-
« tion où vos religieuses pourront lui parler toutes ensem-
« ble, mais jamais seule à seule, et encore à votre pré-
« sence, sans souffrir qu'on parle de doctrine. Vous don-
« nerés aussi toute votre attention à ce qu'elle ne reçoive
« aucune visite au parloir sous quelque prétexte que ce
« puisse être sans un ordre par écrit de moi ; qu'elle n'é-
« crive ny ne reçoive aucune lettre qu'auparavant elle ne
« m'ait été communiquée ; et comptant beaucoup, Madame,
« sur votre zèle et votre vigilance principalement en cette
« occasion-cy, vous me donnerés avis exactement toutes
« les semaines de ce qui se sera passé à l'égard de cette
« religieuse ; et de quelle manière elle se sera comportée.
« Je suis de tout mon cœur, Madame, votre très humble
« serviteur.

« L'arch. de Lyon ».

Puis deux jours après, cette autre missive :

« A Lyon ce 10 juillet,

« J'ay oublié, Madame, dans ma dernière lettre, de vous
« avertir que vous ayés à faire une visite exacte des papiers
« de la religieuse de Saint-Benoit qui a été envoyée dans
« votre communauté, vous prendrez à cet effet l'aumônier
« de votre maison et un autre ecclésiastique habile et de
« confiance avec lesquels vous vérifierez et examinerés tout
« ce qui peut y avoir de mauvais sur les affaires du tems,

« vous me les enverrés avec un inventaire exact. Si cette
« religieuse y trouve quelque chose à redire montrés luy
« mes ordres là dessus et qu'aucune occasion ne vous fasse
« plier dans une occasion aussy essentielle que celle-cy en
« quelque manière que ce soit. Je suis de tout mon cœur,
« Madame, votre affectionné serviteur,

« L'arch. de Lyon »

Cette prison dura quatre années. Nous avons la seconde lettre de cachet qui ordonne de mettre aux mains de ceux qui la présenteront la religieuse incarcérée « car tel est notre bon plaisir. Donné à Versailles le dix may mil sept cent trente sept ». Signé : Louis, et plus bas : Amelot.

On trouve enfin, dans le dossier de la même affaire, conservée par les religieuses, une lettre de M. le président de Bardonnenche, datée du 24 juin, et qui est évidemment de la même année. Elle est adressée à la supérieure du monastère.

« Madame,
« J'envoye la femme de chambre de mon épouse avec
« deux domestiques pour prendre ma tante et la conduire
« en cette ville dans ma litière ; j'ay remis à la femme de
« chambre vingt-cinq louis d'or valants six cents livres.
« Par le retour de M. le comte de Saint-Amour j'auray soin
« de vous faire tenir les deux cent livres que je vous reste
« devoir pour la pention de ma tante. Sans une infinité
« de contre tems qui me sont survenus tout à la fois je
« n'aurais pas manqué à m'acquitter envers vous, Madame,
« en deux fois de cette somme ; ayés pour agréable de
« m'accuser la réception de cette somme de six cent livres
« je vous prie et rendez moy la justice d'être persuadée que
« je seray toute ma vie avec une considération aussy sé-
« rieuse que respectueuse, Madame, votre très humble et
« très obéissant serviteur,

« Bardonenche ».

« Grenoble ce 24 juin ».

« Il faudra s'il vous plaist, Madame, faire enregistrer
« sur vos registres la lettre de cachet et me faire la grâce
« de m'en envoyer un décharge signé de vous, Madame,
« et des dames de votre conseil. J'espère que ma tante ne
« fera point séjourner ma litière dont j'ay un extrême
« besoin ; notre impatience de la revoir demande qu'elle
« revienne incessamment ».

Au verso de la même lettre, la supérieure a écri le brouillon de la décharge demandée par le président :

« Nous soussignées etc. avons remis entre les mains de
« M. de Bardonenche, président au Parlement de Grenoble,
« sʳ Eleine de Jésus de Bardonenche, en conséquence de
« l'ordre que nous recevons de la Cour ce jour d'huy, par
« lettre de cachet du 10 may dernier ; qui révoque le pre-
« miér ordre que nous avions reçu de la Cour pour rece-
« voir lad. dame de Bardonenche dans notre maison, par
« autre lettre de cachet, du 25 juin 1733. » Le reste
manque.

Des recherches faites à Grenoble ne nous ont rien appris
sur cette religieuse janséniste ; dont il en est encore question par deux fois dans les circulaires du monastère de
Saint-Amour.

En 1738, les religieuses écrivant à leurs sœurs des autres
maisons de leur Ordre se félicitent de leur paix et du calme
où elles vivent. Elles ont fait, disent-elles, la triste expérience du contraire « en la personne d'une dame de Saint-
« Benoit de Lyon, qui nous a été confiée pendant quatre
« années..... allarmée par la crainte que ses sentiments
« erronnés n'altérassent insensiblement la pureté de la foi
« dans notre communauté....., le premier objet de notre
« zèle fut de travailler à nous débarasser d'un tel sujet, et
« sans nous rebuter des obstacles ni du peu de succès des
« démarches de nos amis à Paris, pas même du néant de la
« Cour à notre placet, nous formâmes le dessin d'écrire
« dans notre simplicité au Cardinal ministre et le Ciel se

« rendant favorable aux prières de nos sœurs, Son Emi-
« nence goûta nos raisons, la Cour révoqua enfin sa pre-
« mière lettre de cachet par une autre..... » (1).

Le 25 avril 1749, autre sujet d'alarmes, toutes tempo-
relles, cette fois, le monastère fut sur le point d'être incen-
dié. Les sœurs domestiques avaient pris l'habitude « qu'elles
croyaient leur être d'une nécessité indispensable » d'entas-
ser du bois dans un réduit voûté au fond de la cheminée
de la cuisine.

Ce jour là « l'on avoit ballié la cheminée » et malgré le
soin avec lequel la cuisinière avait couvert son feu, l'économe en faisant sa tournée du soir, trouva la provision de
bois toute embrasée. « Comme la communauté sortoit de
« Matines, elle fut à portée de faire avertir au moment
« notre très honorée mère qui donna ses ordres. » Du
dehors aussi on avait vu le feu, et l'on « heurtoit déjà à la
« porte de leur clôture ; M. le comte de Saint-Amour en-
« voya quatre de ses domestiques ; M. le maire et plusieurs
« amis de notre maison qui se promenoient sur la place,
« voyant notre danger, s'empressèrent de nous procurer
« des charpentiers et gens connus pour venir à notre se-
« cours..... » Au bout de quelques heures, l'incendie fut
entièrement *abattu*. Les sœurs évitèrent même un autre
danger qu'elles paraissent avoir craint autant que le feu :
« Si M. le comte de Saint-Amour n'avoit pas eu l'attention
« de se tenir sur la place pour avoir l'œil qu'on ne battit
« pas la générale, nous aurions été accablées d'un régi-
« ment de Suisses qui étoit à Saint-Amour ce jour là » (2).

La mère de Meximieux compléta son œuvre en assurant
la régularité et la solennité des offices religieux au monastère.

C'est elle qui provoqua la fondation, par Madame La-

(1) Circulaire de 1738. Voir aussi la circulaire de 1754, page 20.
(2) Circulaire de 1749.

quette Péronin, des prières des quarante heures « pour
« les trois derniers jours de carnaval de chaque année,
« pour la somme de 200 livres » (1).

La mère du Deschaux qui lui succéda pendant trois ans
reçut une autre fondation qui vaut d'être rapportée :

« Nous soussignée supérieure au monastère de la Visi-
« tation Sainte-Marie de Saint-Amour, de l'avis de nos
« sœurs assistante et conseillères, voulant favoriser les
« pieuses intentions de maître Claude Rodet, ancien domes-
« tique de cette maison, avons reçu la somme de soixante
« livres pour fonds d'une fondation de cinq messes basses
« à l'honneur des cinq playes de Notre Seigneur Jésus-
« Christ qu'il désire être célébrées dans notre église à per-
« pétuité le jour des fêtes de saint François de Sales, de
« saint Joseph, de l'Annonciation de la Sainte Vierge, de
« la fête du corps de Dieu et de saint Claude son patron,
« ce que nous avons accepté et promettons de le faire
« effectuer en foy de quoy nous signons la présente ce vingt
« huitième janvier mil sept cent trente-sept.

« Sœur Marie Cécile Dudeschaux, supérieure. Claude
« Rodet » (2).

Ce fut elle encore qui par le traité suivant avec le
Chapitre de l'église collégiale de Saint-Amour établit d'une
façon définitive la célébration des quatre grandes fêtes de
la maison :

« Les révérendes supérieure et conseillères du monas-
« tère de la Visitation Sainte-Marie de cette ville de Saint-
« Amour, désirants faire la fondation perpétuelle d'une
« messe solennelle avec les vespres la veille et le jour le
« vingt un aoust feste de la bienheureuse Jeanne-Françoise
« Frémiot de Chantal mère, première supérieure et fonda-
« trice de l'ordre de la Visitation Sainte-Marie ; auroient
« priées Messieurs les doyen, curé, chanoines de l'Eglise

(1) Arch. départ., pièce non cotés, du 14 janvier 1735.
(2) Arch. départ., pièce non cotée.

« collégiale dud. Saint-Amour de vouloir bien célébrer
« lad. messe, avec les vespres la veille et le jour sous offre
« qu'elles ont faittes de payer aux dits sieurs pour contri-
« bution dud. service annuellement et perpétuellement la
« somme de trente livres.

« En considération de quoy nous soussignés doyen, curé,
« chanoines de l'église collégiale de Saint-Amour d'une
« part, et les révérendes supérieure et conseillères du mo-
« nastère de la Visitation Sainte-Marie de Saint-Amour
« d'autre, sommes convenus de ce qui suit, sçavoir :

« Que nous doyen, curé, chanoines susd. nous nous
« obligeons envers les dites supérieure et conseillères et
« promettons d'aller tous les ans le vingt un du mois d'aoust
« célébrer et chanter la messe solemnelle avec les vespres
« la veille et le jour à perpétuité, et de fournir les livres
« de chant à ce nécessaire, sous la rétribution de trente
« livres annuellement outre les cinquante livres que lesd.
« supérieure et conseillères nous payent annuellement pour
« rétribution des messes solennelles de la Sainte Trinité,
« du Sacré Cœur de Jésus, de la Visitation de la Sainte
« Vierge, de Saint François de Sale avec les vespres le jour
« et la veille de cette dernière feste, conformément à ce
« qui s'est pratiqué depuis mil sept cent trente-quatre jus-
« qu'à ce jour : les quelles deux sommes reviennent à celle
« quatre vingt livres payables par lesd. révérendes à chaque
« vingt un du mois d'aoust dont le premier terme écherra
« au mois d'aoust de l'an prochain mil sept cent cinquante
« trois, en fournissant par nous les livres de chant à ce
« nécessaire.

« Et nous supérieure et conseillères du monastère eu
« égard aux conditions cy dessus insérées, nous nous obli-
« geons et promettons aux susd. doyen, curé et chanoines
« dud. Chapitre de leur payer annuellement et perpétuel-
« lement la somme de quatre vingt livres, sçavoir trente
« livres pour la fondation de la bienheureuse mère de

« Chantal, et cinquante livres pour les quatre grandes
« messes solemnelles avec les vespres dénommés cy-dessus.
« Fait double à Saint-Amour ce vingt trois aoust mil sept
« cent cinquante deux.

« Conche, *prêtre doyen ;* Paget, *chanoine ;* Merle, *prêtre ;*
« Bernard, *prêtre ;* Perrod, *prêtre chanoine ;* Morel, *prêtre ;*
« Doms de Genod, *prêtre chanoine ;* Merle, *prêtre chanoine ;*
« Merle, *prêtre chanoine* (1).

En 1762, elle établit aussi la dévotion du premier ven-
dredi du mois avec « l'exposition du T. S. Sacrement dèz
« la première messe qui se dit au commençant de notre
« Oraison et après celle de la communauté notre confes-
« seur dit tout haut les cinq *Pater* et *Ave*, pour gagner les
« indulgences, qui sont suivis de l'amande honorable et de
« la bénédiction du T. S. Sacrement » (2).

Sur la fin de sa carrière, la mère de Meximieux eut la
consolation et la joie de célébrer les deux fêtes de la béatification et de la canonisation de Jeanne de Chantal.

La première se fit à Saint-Amour d'abord le 13 décembre 1751, jour anniversaire de la mort de la bienheureuse.
Les sœurs chantèrent un *Te Deum* d'actions de grâces qui
fut suivi de la bénédiction du T. S. Sacrement et « des feux
« d'artifices qui instruisirent le public du juste sujet de
« leur réjouissance » (3). Puis les trois derniers jours de mai
de l'année suivante elles célébrèrent un *Triduum* solennel.

Les religieuses s'y étaient préparées par « un renouvelle-
« ment entier et parfait dans la pratique de leurs saintes
« observances ». Elles lurent au réfectoire la vie de leur
fondatrice par le R. P. Fichet, et « quoique le style et le
« langage en soient fort gaulois, cette lecture ne laissa
« pas... » de leur être d'une consolation et d'une utilité
infinie, puis un recueil tiré des Epîtres de la bienheureuse

(1) Cote 271.
(2) Circulaires de 1754 et 1774.
(3) Circulaire de 1752.

de Chantal. Elles perfectionnèrent leur méthode de chant, sur le conseil de leur confesseur, M. Favier, qui avait remarqué, ainsi que plusieurs personnes l'avaient fait, depuis nombre d'années, qu'elles ne chantaient pas sur le même ton que leurs sœurs d'Annecy ; M. l'abbé Masson, chantre de l'abbaye royale de Gigny, très habile musicien, leur vint donner des leçons tout exprès. Elles ornèrent somptueusement leur église, placèrent derrière l'autel, devant le tableau de la visitation, une toile qu'elles venaient de faire peindre à Paris, où la bienheureuse était représentée, « élevée sur des nuées ; devant elle est S. François de « Sales, de hauteur naturelle, qui lui montre de la main « la Gloire où est peint le grand Geovah ; au-dessus de la « bienheureuse est un ange qui la couronne.. ».

Le jour de la fête de la Sainte-Trinité, veille du Triduum, le son des cloches de la ville et des monastères annonça la fête du lendemain. A quatre heures, le cortège du chapitre se mit processionnellement en marche de l'église collégiale pour se rendre à celle du monastère. Les chanoines étaient tous en chapes, dont 7 en chapes de drap d'or faites exprès pour la cérémonie par les religieuses et dont l'une celle du célébrant, avait été donnée par une novice à l'occasion de sa profession et avait coûté mille livres.

M. de Faltan, grand prieur de la royale abbaye de Gigny, y était aussi avec son chantre, M. Masson, dont la belle voix « dédommagea les sœurs de la musique qu'elles n'auraient « pu se procurer qu'à grands frais, n'en n'ayant point « dans cette ville ».

Après le *Veni Creator*, M. Merle, curé de Saint-Amour, lut en chaire le décret de béatification et fit une pathétique exhortation ; on chanta ensuite le *Te deum*, puis après la bénédiction « Messieurs de la Collégiale s'en retournèrent « comme ils étoient venus, en chantant des hymnes approuvées par Mgr notre Prélat et composées par M. Fa-« vier, notre confesseur ».

Les trois jours suivants, le chapitre célébra solennellement la messe et chanta les vêpres. Il y eut aussi un grand concours d'autres prêtres et du peuple.

Le premier jour, le panégyrique de la bienheureuse fut prêché par M. Merle, curé de Saint-Amour; le second par le R. P de Clairdan, recteur du collège des jésuites de Salins; le troisième par le Père Gabriel Ange, vicaire des Révérends pères capucins de Saint-Amour.

En terminant son discours, le premier jour du *Triduum*, M. Merle s'était invité lui-même et avait invité ses auditeurs à une semblable fête pour l'époque de la canonisation de la bienheureuse de Chantal.

Cela ne devait pas tarder beaucoup :

Jeanne de Chantal fut canonisée par le pape Clément XIII, le 16 juillet 1767. Monseigneur Méallet de Fargues, qui venait fréquemment à Saint-Amour et qui s'y trouvait ce jour-là, officia dans l'église de la Visitation et présida au *Te deum* qui y fut chanté par le chapitre (1). Puis il fixa lui-même la fête solennelle au 17 octobre, se réservant de venir y pontifier, ce qu'il fit en effet.

La fête, plus solennelle encore que celle de la béatification, dura huit jours. Les sermons furent donnés successivement par M Merle, chanoine et curé de Saint-Amour; M. de Pesteil, chanoine de l'abbaye de Saint-Claude; le gardien des capucins de Saint-Amour; M. de Massebeau, vicaire général de l'évêque de Saint-Claude; M. le chanoine Cancalon; le P. Ildebrand, capucin du couvent de

---

(1) Le Monastère de Saint-Amour reçut fréquemment la visite de l'Evêque de St-Claude et d'autres prélats. Celui-ci y venait au moins tous les trois ans et présidait ordinairement la cérémonie de l'élection de la Supérieure. Nous trouvons sa présence signalée notamment dans les circulaires de 1656, 1741, 1853, 1759, 1764, 1774, etc. A plusieurs reprises il y fit même de longs séjours, plus de trois mois, y reçut des visites des prélats voisins ou ses amis et fit même une fois, dans l'église du monastère, une cérémonie d'Ordination.

Salins; un capucin de Saint-Amour ; M. Cousin, chanoine
de Saint-Amour, et enfin M. Paget, chanoine et confesseur
des dames annonciades de Saint-Amour, qui devait peu
après le devenir aussi des visitandines.

La mère Marie de Meximieux, qui avait fait toutes ces
choses, s'éteignit enfin pieusement le 18 décembre 1770.
« Toute la ville, disent les sœurs, partagea notre douleur
« et Monseigneur notre évêque nous témoigna la douleur
« qu'il y prenait et la haute estime qu'il avait pour celle
« qui faisait couler nos larmes » (1).

En dehors des faits que nous avons dû rapporter un peu
au long, nous ne voyons à signaler dans l'existence extérieure du Monastère, depuis 1731, époque à laquelle nous
avons quitté l'analyse chronologique des circulaires que
peu de choses vraiment intéressantes, sauf une : la visite
de P. Bridaine aux religieuses à l'occasion d'une Mission
qu'il vint prêcher à Saint-Amour.

Mentionnons auparavant qu'en 1733 le monastère célébra
avec un grand apparat le centenaire de sa fondation et
venons à notre récit.

En 1744, donc, le père Bridaine vint donner à Saint-
Amour une mission. Il ordonna pendant son séjour deux
processions solennelles ; l'une en l'honneur du S. Sacrement
et que les religieuses comparent, dans la circulaire de
1745, au jour du Jugement dernier, tellement elles furent
saisies au moment de la bénédiction par le bruit d'une
décharge « bien distribuée » de mousquets ; dans l'autre
on porta les reliques conservées dans tous les sanctuaires
de la ville. Celles du monastère sur « un petit char de
triomphe simple mais propre ». Elles avaient notamment
un reliquaire de bois doré dans lequel était une relique
du bois de la vrai Croix, « cinq autres reliquaires qui
renferment les reliques de notre saint Fondateur, un bras

(1) Circulaire de 1771.

« de sainte Vérécoude, martyre, que le père d'une de nos
« sœurs nous a apporté de Rome, avec une partie consi-
« dérable du voile de sainte Rose de Viterbe et plusieurs
« autres reliques précieuses... » Les religieuses manifes-
tèrent le désir de voir et surtout d'entendre le célèbre
prédicateur. Il promit un jour à leur confesseur, M. Paget,
de les venir voir « au sortir de son dîner ». Elles l'atten-
dirent plus de trois quarts d'heure, se préparant par la
prière et la méditation à recevoir ses avis. Le P. Bridaine
se défendit d'abord de parler, puis céda par condescen-
dance, dit-il, s'approcha de la grille du chœur où les
sœurs le virent « comme un ange venu du ciel pour leur
« en apporter les oracles ». « Aimez et observez bien vos
« règles, leur dit-il, elles sont pour vous le chemin du
« Paradis ; soyez obéissantes à vos supérieures, elles vous
« tiennent la place de Dieu ; fuyez les amitiés particulières
« comme la peste des communautés ; bannissez les parloirs
« par lesquels l'esprit du monde entre dans les maisons
« religieuses ; je sçai que dans le vôtre tout est en bon
« ordre ; je vous souhaite la persévérance, je me recom-
« mande à vos prières ». Et il se retira en leur donnant sa
bénédiction. Les bonnes sœurs furent déconcertées d'abord,
puis finirent à la récréation suivante par rire de bon cœur
de leur déconvenue (1).

En 1753, le 11 juillet, un orage terrible s'abattit sur
Saint-Amour. Au monastère, « quatre grands et beaux
« vitraux faits à neuf... furent fracassés ; 19 grandes croi-
« sées de l'appartement des pensionnaires, quoique baron-
« nées et grillées, furent si abimées qu'il n'en resta pas
« six carreaux ; le vignoble de Saint-Amour fut presque
« tout comme arraché et inondé par les eaux d'une lavange
« affreuse. La moisson en partie en terre y fut ensevelie
« et labourée... » Les sœurs durent s'imposer des sacri-

(1) Circulaire de 1745.

lices et redoubler d'ardeur à l'ouvrage pour fournir à tant de réparations (1).

En 1757, les religieuses prirent part aux prières publiques faites pour remercier le Ciel d'avoir préservé le roi Louis XV lors de l'attentat commis sur lui par Damien.

« Dans les divers châtiments dont la divine justice se « sert pour venger sa cause, nous avons regardé comme « un de ses effets les plus rigoureux, l'attentat d'une main « sacrilège sur la personne sacrée de notre auguste Roi. « Notre communauté, dans la dernière consternation à « cette nouvelle, offrit des vœux publics et ardens à la fin « de chaque office, en attendant que l'éloignement où nous « sommes de la ville épiscopale pût faire parvenir jusqu'à « nous les ordres de Monseigneur notre évêque, pour les « prières des 40 heures. Ce fut dans ces moments précieux, « où l'exposition de J. C. sur nos autels donna à notre « amour une ardeur plus sensible, que nous réunîmes nos « actions de grâces au Tout Puissant, à celles de tout le « Royaume de France, du secours comme miraculeux qui « a prévalu à la malice de nos ennemis et nous a conservé « notre grand Monarque » (2).

L'état du Monastère reste sensiblement le même pendant cette période. Nous le trouvons composé de la façon qui suit :

46 professes du voile noir, 6 du voile blanc, 1 novice, 5 sœurs du petit habit, 3 prétendantes, 3 sœurs tourières et 20 pensionnaires, en 1731 ;

43 professes du voile noir, 5 du blanc, 4 novices, 6 sœurs du petit habit, 3 tourières, 14 pensionnaires, en 1733 ;

38 professes du chœur, 2 prétendantes, 8 sœurs domestiques, 4 tourières et 20 pensionnaires, en 1738 ;

(1) Circulaire de 1754.
(2) Circulaire de 1757.

37 professes du voile noir, 2 novices pour le chœur, 7 sœurs domestiques, 3 tourières, une prétendante et 17 pensionnaires, en 1739 ;

39 professes du voile noir, 2 novices, 1 prétendante, 7 sœurs domestiques, 3 tourières, 15 pensionnaires, en 1741.

En 1743, 38 professes du voile noir, 7 sœurs domestiques, 1 prétendantes, 4 tourières et 9 pensionnaires ;

En 1745, 39 professes du voile noir, 1 novice, 2 prétendantes, 7 sœurs domestiques, 5 tourières, 3 dames pensionnaires et 22 pensionnaires ;

En 1746, 40 professes du voile noir, 7 du blanc, 1 novice, 5 tourières, *dont 3 sont fort âgées*, 2 prétendantes ;

En 1748, 40 professes du voile noir, 8 du blanc, 1 novice, 1 prétendante, 3 tourières et 9 pensionnaires ;

En 1749, 39 professes du voile noir, 1 novice, 8 sœurs domestiques, 3 tourières et 15 pensionnaires ;

En 1751, 43 professes du voile noir, 8 du blanc, 2 novices, 2 prétendantes, 2 tourières et 13 pensionnaires. Le monastère est si rempli qu'on a dû refuser les sujets qui se sont présentés ;

En 1752, 43 professes du voile noir, 2 novices, 9 sœurs domestiques, 2 tourières et 19 pensionnaires ;

En 1754, 39 professes du voile noir, 9 du blanc, 2 tourières, 19 pensionnaires ;

En 1757, 36 professes du voile noir, 3 novices, 9 sœurs du voile blanc, 3 tourières et 13 pensionnaires ;

En 1762, 41 professes du voile noir, 10 du blanc, 2 novices, 3 tourières et 12 pensionnaires ;

En 1764, 44 sœurs du voile noir, 9 du blanc, 1 novice, 3 tourières, 12 pensionnaires ;

En 1768, 42 professes du voile noir, 8 du blanc, 1 novice, 3 tourières et 10 pensionnaires ;

40 professes du voile noir, 8 du blanc, 1 novice, 2 prétendantes, 3 tourières et 8 pensionnaires en 1771.

Nous arrivons ainsi à l'année 1774 où fut élue celle qui devait, à part un court intervalle voulu par la règle, être la dernière supérieure du monastère de Saint-Amour. Je veux parler de Madame Marguerite-Marie de Thoisy (1). Monsieur Méallet de Fargues, premier évêque de St-Claude, vint lui-même, comme il le faisait souvent, présider à son élection. Il passa cette fois deux mois et demi à Saint-Amour, alla presque chaque chaque jour dire la messe dans l'Eglise de la Visitation et fit aux sœurs plusieurs exhortations qui leur plurent infiniment (2).

La circulaire qui annonce son élection aux autres maisons de l'Ordre fait mention de l'existence à Saint-Amour d'une précieuse relique qui leur avait été donnée par l'abbé Cordier, curé de la Pacquotière, en souvenir de son frère, l'abbé Cordier, qui avait été autrefois confesseur des religieuses de la Visitation de Saint-Amour ; c'est « la pre- « mière copie de la sainte règle que notre grand Patriarche « (saint François de Sales) avoit écrite de sa propre main, « pour nos premières mères » (3).

Celle de 1777, rapporte que M. Merle, curé de Saint-Amour, ancien confesseur du monastère, procura aux sœurs « la répétition des beaux sermons du Père Etienne Loriot, vicaire des capucins de Lons-le-Saunier, qui donnait ici (à Saint-Amour) la mission ».

Nous avons un cahier de quelques pages, daté de 1776, où une religieuse, après 28 autres cantiques *très naïfs* en a copié un autre très long sur l'air de *la Princesse de Montbéliard* dont les couplets avaient « été tirés au sort le « jour de la Présentation Notre-Dame, à l'assemblée d'après « Vêpres ; nous avions eu le bonheur de gagner le Jubilé « renouvellant nos sacrés vœux. » En tête de chacun des

(1) Elle était d'une famille de l'Auxois, annoblie en 1412.
(2) Circulaire de 1774.
(3) Circulaire de 1774. — Nous ignorons ce qu'est devenu ce précieux manuscrit.

53 premiers couplets de ce cantique qui en compte 56, on a indiqué le nom de la sœur que le sort avait désigné pour le chanter. Nous avons ainsi la liste complète des religieuses peuplant le monastère à cette époque.

En 1780, la mère de Thoisy, fut remplacée, à l'expiration de ses deux triennaux, par Louise-Félicité Riboux. Ce fùt celle-ci qui fit les dernières constructions et réparations dans le monastère avant sa suppression.

La mère de Thoisy avait auparavant, en 1775, formé le projet d'acheter un filet d'eau pris sur les fontaines publiques de la ville. Le puits autrefois creusé ne suffisait pas pour les arrosages ni pour les besoins de la maison vaste et peuplée plus qu'autrefois. Le marché conclu est du 10 février 1775, au prix de 300 livres. La fontaine fut placée dans le jardin, « qu'elle rend fertile dans le temps même « des sécheresses, par la facilité qu'elle donne à la sœur « jardinière de l'arroser, et à quelque distance du bassin « où l'eau se décharge, il y a un réservoir où l'on peut con- « server des poissons, ce qui devient une grande ressource ; « il y a différents robinets pour distribuer l'eau dans les « endroits où elle a paru absolument nécessaire » (1).

Restait encore le chœur des religieuses qui n'avait subi, nous l'avons vu précédemment, que des aménagements provisoires, même lors de la construction et des deux réparations de l'Eglise, « il est simple, dit la circulaire de « 1781, mais un grand air de majesté l'annonce pour la « maison de Dieu : des trophées d'église, travaillés avec « toute la délicatesse de l'art et distribués avec goût, font « naître des mouvements que la Religion inspire et que la « foi soutient. Le fonds d'un gris bleu, sur lequel est un « très beau vernis, ainsi que sur toutes les moulures. Le « plafond seul est blanc, au milieu duquel il y a une gloire « où paroit suspendu un Saint-Esprit. Tout cet ouvrage est

____

(1) Circulaire de 1781.

« achevé selon les bons connaisseurs qui en paroissent sa-
« tisfaits. Tout le chœur est garni d'un boisage à hauteur
« d'appuy ».

Le monastère était donc terminé à la veille seulement de
disparaître. Il se composait essentiellement de vastes bâtiments en quadrilatère construits autour d'un cloître dont
les arcades murées dessinent encore leurs courbes dans les
murs des maisons de la rue Sainte-Marie ; derrière s'éten-
dait un jardin, puis, séparé par la route sur laquelle les
sœurs avaient jeté le pont que l'on sait, un vaste enclos
mûré qui porte encore leur nom. La basse-cour, le pigeonnier, la volière y avaient leur place. Devant, ouvrant sur
la place publique, à l'endroit précis où commence de ce
côté la rue, leur grande et belle église. Sur les côtés, des
maisons en bordure de la rue de Guichon ou de la Place,
où se trouvaient leur cuverie, les buanderies et toutes les
dépendances du monastère, comme aussi des logements qu'on
les avait obligées de construire et qu'elles louaient aux habitants. Un plan de la maison, dressé après le partage des
bâtiments après leur vente comme biens de la nation,
existe encore dans les minutes de M⁰ Genton. Comme il
est sans légende explicative et se borne à donner la con-
figuration des murs, il était inutile de le reproduire ici.
Cependant il n'est pas sans intérêt ; on se rend facilement
compte, quand on l'a sous les yeux, de ces vastes constructions qui avaient demandé près de deux siècles pour s'élever
à la façon d'une ruche et qui avaient coûté au moins
200.000 livres (1).

Les religieuses vivaient là, heureuses dans leur vocation,
formant une petite ville dans l'autre, s'occupant de leur
perfection, élevant quelques enfants confiés à leurs soins (2),

---

(1) Archives communales Série G G, nᵒ 107.

(2) Je n'ai rien pu trouver qui se rapportât à ce pensionnat ; sinon
des traditions orales vagues, souvent sans fondement et toujours sans
importance.

6

insoucieuses du bruit du dehors, dont elles n'avaient que par moments de vagues échos.

Elles ne semblent pas avoir entendu venir l'orage qui les devait disperser et abattre leur toit. Du moins elles n'en sentirent jamais la menace dans toute sa gravité ; aussi combien durent-elles être surprises par l'arrêté des premiers jours de mai 1789, qui désignait pour l'assemblée populaire du 12, à 9 heures du matin, leur église comme lieu de réunion, « en raison de l'insuffisance de l'hôtel « ordinaire de la ville ». Il s'agissait pour cette fois d'entendre la lecture, pour l'approuver, *du cahier des doléances et plaintes du Tiers-Etat* et de nommer des représentants à l'assemblée du Tiers à Orgelet, qui devait, elle, nommer des députés aux Etats-Généraux.

Puis, les évènements se précipitent, on demande à la supérieure un inventaire des biens du monastère, en conformité du décret de l'Assemblée nationale, du 13 novembre 1789. La mère Marguerite de Thoisy le dresse et le donne daté du 26 février 1790.

« Nous n'avons, dit-elle, dans notre maison, aucuns « meubles précieux, ny qui soyt estimé sinon la simplicité « et pauvreté ; nous avons chacune une croix d'argent.....

« Nous tenons ordinairemennt 20 à 25 pentionnaires ; « leurs pentions, depuis 1786, sont de 180 livres ; avant « cette époque elles ont été successivement de 45 écus et « de 150 livres ; l'augmentation des denrées du pays a dé-« terminé celle des pentions, sur lesquelles notre commu-« nauté n'a jamais désiré d'autres avantages, que de ce « rendre utile au publique et d'imprimer dans le cœur des « jeunes personnes dont on nous a confié l'éducation, des « sentimens de religion, de probité, et de patriotisme » propres à en faire de vrais chrétiennes et bonnes citoyen-« nes..... »

Les revenus annuels étaient de 13.614 livres 5 sols, 2 deniers, et les charges de 4 383 livres 11 sols 5 deniers ; ce qui donnait, au compte de la supérieure, 9.230 livres 13 sols et 9 deniers pour faire vivre dans tout le détail, plus de 70 personnes, non compris, il est vrai, le produit du travail des religieuses ; « quelques dots employées suivant le besoin ont comblé le déficit annuel ».

A peine quelques mois après (2 novembre 1790) les biens ecclésiastiques et des maisons religieuses sont déclarés biens de la nation et mis sous séquestre.

Le 30 janvier 1791, une délibération du conseil municipal de Saint-Amour ordonne qu'un commissaire sera nommé pour assister au monastère de la Visitation, à l'élection d'une prieure et d'une économe, en conformité de la loi du 14 octobre 1790. Malgré des recherches minutieuses, on n'a pu rien retrouver qui mit au courant de ce qui se passa au monastère ce jour-là. Pour le reste aussi nous en sommes réduits à quelques sèches mentions d'événements dont nous aurions voulu le détail.

C'est ainsi que nous savons que le 14 juillet 1792, les religieuses furent contraintes de prêter le serment civique ; que le monastère fût mis en vente le 19 août de la même année (1) ; qu'il fût acheté par un marchand de biens qui le revendit au détail ; que le 20 octobre 1792, le directoire du département rendit un arrêté autorisant les religieuses expulsées de leur couvent à garder le crucifix d'argent que portait chacune d'elles ; qu'au mois d'août 1793 enfin, leur église fut définitivement désaffectée, que les marbres et les tableaux en furent arrachés et transportés à l'église paroissiale où ils sont encore en partie ; le pieux sanctuaire dépouillé devint la salle populaire où le sieur Thabey, procureur de la commune de Franc-Amour lisait chaque décadi, le *Moniteur* et les actes du gouvernement *à haute et*

(1) Les propriétés rurales avaient été mises en vente auparavant déjà, les 19 janvier 1791 ; 19 et 28 février 1791 ; 3 mars 1791 ; 25 nivose an II, etc. Voir le *Registre d'acquisition des biens nationaux de 1re origine*, aux Archives départementales.

intelligente voix, ainsi que le lui prescrivait un arrêté du Conseil, au mois d'août 1793 ; où le 2 pluviose an III, fût célébrée, « à cause de la rigueur de la saison », la fête anniversaire « de la juste punition du dernier roi des Fran-
« çais et de tous les travaux de la Convention qui ne cesse
« de s'occuper du bonheur du peuple, de lui inspirer une
« juste horreur de la tyrannie sous quelque masque qu'elle
« se montre ; le tout accompagné de discours analogues
« à la cérémonie et terminé par des hymnes à la liberté
« et par des chants patriotiques exprimant l'horreur de la
« tyrannie..... » (1).

Sous les voûtes paisibles, cela remplaçait la psalmodie et le chant des cantiques !

Pendant ce temps les sœurs se dispersaient de tous côtés. C'est à peine si à Saint-Amour nous retrouvons la trace de quelques-unes. Nous avons : l'*Etat des ci-devant Religieuses domiciliées dans le canton de Franc-Amour et jouissant d'une pension sur le trésor de la nation, en vertu du 2 complémentaire an II*. Nous y lisons les noms de Jeanne-Octavie-Godefride Branges, Marguerite Thoisy, Françoise Boulat, que nous savons être des visitandines de Saint-Amour, bien qu'elles ne soient désignées que sous la *qualité éteinte* de religieuses ; celui d'autres encore qui ont pu appartenir au même monastère ou à d'autres. Nous possédons encore le *Tableau*, beaucoup plus complet, *des ex-religieuses, sœurs converses et chanoinesses domiciliées à Franc-Amour*. Nous en tirons les indications suivantes, pour la Visitation de Saint-Amour.

Noms de famille et prénoms : Claudine-Marguerite Thoisy, 70 ans ; Anne-Toinette Conche, 50 ans ; Aimée-Marie Balay, 53 ans ; Jeanne-Octavie-Godefride Branges, 31 ans ; Marie-Claudine Degland, 70 ans ; Christine Merle, 69 ans ; Jeanne-Coquard, 56 ans ; Jeanne-Claudine Lequié, sœur converse, 50 ans ; Claudine Pin, id., 74 ans ; Denyse Guillerminet, id.,

(1) Registre des délibérations de la commune.

31 ans ; Claudine Pyrat, id., 50 ans ; Françoise Boula, id., 69 ans ; Marie-Françoise Boula, id., 50 ans : Jeanne-Marie Marc, id., 52 ans.

Mariées : Néant.

Serment d'Egalité et de Liberté : toutes l'ont prêté.

Observations sur la conduite politique et révolutionnaire :
« La municipalité de Franc-Amour, après avoir pris touttes
« les instructions possibles sur la vie politique et révolu-
« naire des ex-relligieuses cy contre énoncées, déclare qu'il
« ne luy est revenu aucunes plaintes contre elles et qu'elles
« se sont toujours conformées aux lois ».

Nous perdons ensuite la trace des religieuses ; nous savons seulement que l'une d'entre elles, la sœur *Géronyme Guillot,* dont nous avons parlé déjà, rentra au monastère de Bourg dès que celui-ci se rouvrit. Elle avait sauvé en partant différents papiers, le 2ᵉ *Livre des vœux,* une mitre ayant appartenu à Saint-François de Sales et qu'on conservait à Saint-Amour, toutes choses qui sont aujourd'hui au monastère de Bourg. Plusieurs peut-être firent-elles comme elles. On en cite aussi quelques unes, mais sans preuves suffisantes, qui moururent dans leur famille au commencement du siècle, et enfin la sœur Deleschaux retirée à Lons-le-Saunier avec quatre de ses compagnes, y formait longtemps encore après la Révolution, comme une petite communauté (1).

Depuis, aucune tentative n'a été faite pour relever le monastère de Saint-Amour.

Pour ouvrir une rue, on a démoli leur église profanée et dont plus rien ne subsiste que des débris, des marbres, des tableaux, des reliquaires, quelques beaux mais trop rares ornements, conservés dans l'église et la sacristie de l'église paroissiale ; on a, pour le même motif, détruit deux côtés de leur cloître extérieur ; le réfectoire sert de salle

____

(1) Voir : Chanoine Chamouton : *Le P. Agathange,* p. 63.

de réunion pour le cours municipal de dessin. On y voit
encore les escaliers de la petite chaire où montait la religieuse ou l'élève chargée de faire la lecture pendant les
repas; un hotel, une école, des magasins, des auberges.
divers particuliers se sont installés dans les vastes bàtiments
morcelés mais qui conservent encore en leur aspect général et quelques-unes de leurs parties moins détériorées
quelque chose de leur beauté ancienne; seule n'a pas
changé de place ni d'usage la fontaine du cloître intérieur;
toujours elle coule, non plus au milieu des fleurs et dans
le silence recueilli, mais parmi les promiscuités et les
bruits de la rue, avec je ne sais quel murmure mélanco-
lique et doux :

Sunt lacrymæ rerum !

Maurice PERROD.

BIBLIOTHÈQUE R.F. IMPRIMÉS.

Liste des Supérieures du monastère de la Visitation de Saint-Amour

Depuis sa fondation jusqu'à sa suppression.

1° Marie-Augustine Brun (du monastère
    de Bourg).   1633-1636
    (Le monastère est transféré à Montluel
        en 1636, il n'en revient qu'en
        1653).

2° Marie-Jacqueline Favre (du Monastère
    d'Annecy).   1653-1656

3° Françoise-Angélique de la Pesse (du
    Monastère d'Annecy)   1658-1661

4° Marie-Jacqueline de la Charme. . .   1664-1667

5° Jeanne-Françoise Marcher (du Monas-
    tère d'Annecy 1670 1673

6° Claude-Joseph Guyénard.   1676
    Marie-Jacqueline de la Charme. . .   1679
    Claude-Joseph Guyénard   1682-1685

7° Françoise-Madeleine Arnoux . . .   1688-1691
    Claude-Joseph Guyénard.   1694-1697

8° Françoise-Ursule Duport.   1700-1703

9° Jeanne-Charlotte Duport.   1706-1709
    Françoise-Ursule Duport   1712-1715
    Jeanne-Charlotte Duport.   1718-1721
    Françoise-Ursule Duport.   1724-1727

10° Marie-Eugénie de Meximieux de Mon-
    geffond   1729-1732

11° Marie-Cécile du Deschaux. . . .   1735
    Marie-Eugénie de Meximieux de Mon-
    geffond   1739-1742

12° Marie-Constance Dronier du Villars. 1745-1747
Marie-Eugénie de Meximieux de Mongeffond 1750-1753
Marie-Constance Dronier du Villars. 1756-1759
Marie-Eugénie de Meximieux de Mongeffond 1762-1765
Marie-Constance Dronier du Villars. 1768-1771
13° Marguerite-Marie de Thoisy. . . 1774-1777
14° Louise-Félicité Riboux 1780-1783
Marguerite-Marie de Thoisy . . . 1786-1789

BIBLIOTHÈQUE NATIONALE R. F. IMPRIMÉS.

www.ingramcontent.com/pod-product-compliance
Ingram Content Group UK Ltd.
Pitfield, Milton Keynes, MK11 3LW, UK
UKHW022048170726
13837UKWH00002B/850